O homem por trás de

O CÓDIGO DA VINCI

Dados Internacionais de Catalogação na Publicação (CIP)
(Câmara Brasileira do Livro, SP, Brasil)

Rogak, Lisa
O homem por trás de O código Da Vinci : uma biografia não autorizada de Dan Brown / Lisa Rogak ; tradução Marcos Malvezzi Leal. -- Campinas, SP : Verus Editora, 2006.

Título original: The man behind the Da Vinci Code : an unauthorized biography of Dan Brown
ISBN 85-87795-93-7

1. Brown, Dan, 1964- 2. Brown, Dan, 1964- O código Da Vinci 3. Ficcionistas norte-americanos - Século 20 - Biografia I. Título.

06-2200 CDD-813

Índices para catálogo sistemático:
1. Ficcionistas : Literatura norte-americana 813

Lisa Rogak

O homem por trás de O CÓDIGO DA VINCI

Uma biografia não autorizada de DAN BROWN

Tradução
Marcos Malvezzi Leal

VERUS editora

Revisão:
Carlos Eduardo Sigrist
Daniela Lellis Gonçalves
Aurea G. T. Vasconcelos

Capa e Projeto gráfico:
André S. Tavares da Silva

Título original
The Man Behind the Da Vinci Code
An Unauthorized Biography of Dan Brown

VERUS EDITORA
Rua Frei Manuel da Ressurreição, 1325
13073-221 - Campinas/SP - Brasil
Fone/Fax: (19) 4009-6868
verus@veruseditora.com.br
www.veruseditora.com.br

A todos os meus amigos, pelo apoio.
Vocês sabem quem são.

Agradecimentos

Agradeço primeiro ao superagente, também conhecido como Scott Mendel, por servir de pastor extraordinário e guardião para nosso segundo livro juntos.

Créditos também a Chris Schilling, da Andrews McMeel, por sua habilidade para ver o potencial de uma biografia de Dan Brown, e também a Rebecca Schuler, Lane Butler e às legiões que ficam nos bastidores, por ajudarem este livro a nascer. Um agradecimento especial a Michelle Daniel, por fazer minhas palavras cantarem.

Agradeço também a Paul Zollo, Jake Elwell, Kay Borden e Gary Goldstein por toda a ajuda prestada. Um agradecimento muito especial a Ron Wallace, da Aliança de Músicos Criativos, por sua sempre pronta assistência ao acrescentar idéias e detalhes que eu não teria obtido de nenhuma outra forma. O livro teria sido mera sombra do que é se não fosse sua ajuda.

Ao pessoal da sala de pesquisa da Biblioteca Baker, na Faculdade de Dartmouth, da cafeteria na Livraria Dartmouth, e a todo o mundo da Biblioteca Pública Lebanon, sou muito grata por tornar meu escritório portátil tão confortável.

Agradeço também a Bob DiPrete, Cynthia Barrette, Dianne Burrington, Cary e Paul Rothe, Daniel Levitt, John Chapin, Seth Chapin, Dorothy LaPine, Mark d'Anjou e Sarah McKinnon e Dugan, Brenda Schwab, Sara Koury, Sara Trimmer, Angela Hoffman, Terry Miller Shannon, Perri Knize, Sheila Armen, Shelly Yusko, Jane McGee, Chrissy e Ernie Tomkiewicz, e a todos aqueles cuja tarefa, direta ou indiretamente, era garantir que eu fizesse intervalos regulares do computador.

Um agradecimento especial a Lynn Oelgart por ver o futuro.

Sumário

Prólogo 9

Capítulo 1 De códigos secretos e sociedades secretas 19

Capítulo 2 Saindo do ninho 33

Capítulo 3 Planejando o futuro 57

Capítulo 4 Um falso começo 83

Capítulo 5 Dias de incerteza 96

Capítulo 6 Última chance 106

Capítulo 7 Mudando o destino 116

Capítulo 8 Sucesso estrondoso 121

Capítulo 9 Cuidado com o que você deseja 134

Capítulo 10 Celebridade relutante 141

Epílogo 149

Notas 153

Prólogo

Dan Brown estava sentado num banco na Grande Galeria do Louvre, em Paris, observando inúmeros turistas que se encaminhavam até a mais famosa celebridade do museu, a *Mona Lisa*. Escritor americano de boa aparência, mas praticamente desconhecido, ele nem era notado por quem passava. Vestia-se costumeiramente num estilo casual: *jeans* ou calças cáqui e uma camisa pólo, ou talvez um pulôver e um casaco de lã puído, se o ar estivesse frio. Os passos das multidões de peregrinos ecoavam entre os muros da galeria, mas ele estava tão perdido em seus pensamentos que nem ouvia o barulho.

Em suas numerosas visitas a Paris, tinha criado o hábito de acampar em frente ao museu durante o dia. Os guardas do Louvre já estavam acostumados a ver o americano de modos joviais e com cara de bom vizinho passar entre os corredores, aparentando estar mergulhado em seus pensamentos. Nessa última visita, ele tencionava apenas pesquisar um pouco mais para escrever seu romance, já em andamento, que seria sua quarta obra de ficção publicada. Embora ele e sua mulher, Blythe, passassem boa parte do tempo visitando museus e bibliotecas na cidade e entrevistando especialistas, era absolutamente vital obter com exatidão os detalhes do Louvre – as dimensões, a aparência de cada galeria e corredor a partir de vários ângulos. Afinal de contas, o museu teria um papel de destaque no novo livro, juntamente com Leonardo da Vinci, o criador do mais famoso quadro exposto ali.

Quando não estava perambulando pelo Louvre, Brown gostava de passear pelas principais avenidas e becos escuros de Paris para desenvolver os pontos de partida no enredo de seu próximo romance, ou para decidir em que capítulo seria melhor inserir um fato obscuro que tinha descoberto num livro do século XVI.

Mas dessa vez, enquanto observava os turistas passando, Brown não estava trabalhando num ponto específico do enredo nem ruminando o mais recente fato que descobrira sobre Da Vinci. Na verdade, estava preocupado com a possibilidade de sua próxima obra de ficção seguir o mesmo caminho das outras três – *Fortaleza digital*, *Anjos e demônios* e *Ponto de impacto* – e de nunca realizar seu sonho de se tornar um romancista de sucesso. Tudo em sua carreira estava dependendo desse livro.

Embora os críticos se mostrassem entusiasmados com as histórias e com o modo como Brown escrevia, poucos milhares de exemplares de cada livro tinham sido vendidos nos primeiros meses após serem publicados – o breve período do tipo "vai ou racha", quando uma nova obra de ficção pode ambicionar conquistar um público. Sem um tremendo sucesso agora, qualquer interesse (tanto dos editores quanto dos leitores) por seus livros subseqüentes estaria irremediavelmente perdido na miríade de novos livros de suspense publicados a cada ano, todos disputando a atenção do público.

Dan Brown vinha pesquisando havia meses para escrever aquele quarto romance, que girava em torno dos códigos pouco conhecidos empregados por Leonardo da Vinci em suas obras-primas – alguns por brincadeira, outros como pistas de uma história oculta no cristianismo. Embora os editores e os agentes literários já soubessem que Brown apresentava em suas obras longas e intrincadas tramas que incluíam os mínimos detalhes de enredo e caracterização, a trama desse novo romance era, sem dúvida, a mais detalhada. Em mais de duzentas páginas, havia pouco espaço para dúvida ou distração. Brown sabia quais truques queria tirar da cartola para desenrolar a história e surpreender o leitor e em que ponto fazer isso. Ele tinha certeza de que podia terminar cada capítulo com um gancho para o próximo passo da trama – um verdadeiro desafio para o autor, principalmente quando alguns capítulos não tinham mais de uma página. Na verdade, ser breve era uma de suas marcas registradas.

Sua editora, a Doubleday, estava entusiasmada com o livro a ponto de lhe adiantar quatrocentos mil dólares por seu quarto e quinto romances, mesmo depois do desempenho decepcionante dos três primeiros. Mas Brown já estava suficientemente acostumado com as artimanhas editoriais para saber que mesmo o incentivo de marketing e a injeção de dinheiro não garantiam que um livro se tornaria um *best-seller* – ou que a editora recuperaria seu investimento no pagamento adiantado e na produção. Você pode levar um leitor a uma livraria, mas não pode forçá-lo a comprar o seu livro. Milhões de dólares podem ser gastos em publicidade e divulgação, mas, no fim, o livro corre o risco de fracassar, principalmente se as obras anteriores do autor tiveram uma venda modesta, como era o caso de Brown.

Ele estava preocupado porque aquela era provavelmente sua última chance de dar certo. Se, apesar de todo o esforço dele e da Doubleday, sua quarta obra de ficção afundasse sem deixar vestígios, a quinta ainda seria publicada, mas receberia, provavelmente, apenas um mínimo de atenção do departamento de marketing – e sua ex-promissora carreira de romancista estaria acabada. Não lhe restaria outra escolha senão voltar à carreira anterior: lecionar inglês no colégio.

Brown tinha desenvolvido a trama de seu último romance e planejado a pesquisa com tudo isso pesando na mente. Ele escolheu deliberadamente um tema polêmico, que seria tão chocante para milhões de pessoas em todo o mundo que conseqüentemente ganharia a atenção da mídia. Os editores sabem que a polêmica vende livros e rezam por uma figura nacional ultrajada pedindo o boicote de uma obra – o que, é claro, costuma ter efeito contrário, elevando as vendas e deixando tanto os editores quanto o autor muito felizes.

Assim, Dan Brown estava ansioso diante das perspectivas, mas não se atrevia a revelar suas dúvidas a Stephen Rubin, o diretor da Doubleday, nem a Jason Kaufman, seu editor. Kaufman acabara de ser contratado, após sair da Simon & Schuster, e convencera Rubin a deixá-lo comprar os dois próximos livros de Brown, correndo o risco de perder o emprego ou desperdiçar o próprio capital ao investir em colegas com alguns dispendiosos fracassos.

Brown provavelmente nem sequer podia expressar sua ansiedade a sua agente literária, Heide Lange, que – caso o livro fosse um fiasco – enfrentaria o desafio de encontrar outro editor para um cliente que se revelara um ônus para seus editores anteriores. A Doubleday era a terceira grande editora de Nova York a publicar uma obra de ficção de Brown, e agora não havia mais do que uns poucos lugares para ele procurar.

Só uma pessoa sabia como ele estava realmente preocupado: Blythe, sua esposa e companheira havia mais de uma década, e que era também sua parceira de pesquisa em cada livro. Claro que as viagens de pesquisa à Europa eram divertidas, e o dinheiro que entrava era bom, principalmente o primeiro adiantamento da Doubleday, cujo valor era, na época, o mais alto que Brown já recebera em sua carreira como escritor. Mas tanto Blythe quanto Dan sabiam que esse livro agora era decisivo. Simplesmente tinha que dar certo. Do contrário, ele passaria cada dia do resto de sua vida com pó de giz nas mãos, enfrentando um emprego do qual ele tentara escapar ao perseguir um sonho que não tinha realizado.

A pressão às vezes era esmagadora, e ele chegava a pensar que a volta às salas de aula seria um bem-vindo alívio. De certa forma, ele vinha fazendo o mesmo tipo de trabalho: apresentar seu público a fatos obscuros e oferecer-lhe vários modos interessantes de reter as informações. Na verdade, em alguns aspectos, lecionar era melhor que escrever, porque dava a Brown um *feedback* instantâneo de sua técnica como contador de histórias. Um suspiro de um aluno ou uma risada num momento apropriado confirmaria se ele estava no caminho certo. E ver uma lâmpada acender sobre a cabeça do aluno quando ele finalmente compreendia o que fora apresentado... essa era a melhor sensação do mundo! Como escritor, o *feedback* que ele recebia – além daquele dos editores ou de seu agente – era apenas quando um leitor lhe escrevia para dizer que não gostara do livro, ou que ele era um péssimo escritor, ou para apontar um erro. E esse tipo de *feedback* costumava vir um ano ou mais depois de ele ter terminado de escrever os originais e já estar empenhado em um novo livro.

Em toda a sua vida, Dan Brown nunca fora do tipo de se dedicar sem afinco a uma tarefa, nem de desistir sem provar a si próprio que dera o seu máximo. Ele só abandonou a carreira de compositor musical, que tentara ao terminar a faculdade, depois de passar vários anos batendo às portas, em Los Angeles; e não queria desistir agora. Estava tão perto que podia até sentir.

Mas naquele negócio altamente competitivo, parecia que o destino conspirava contra ele. Depois de se entregar de corpo e alma durante seis anos e passar a maior parte de todo esse tempo pesquisando e escrevendo três romances que, embora aclamados pelos críticos, tinham vendido menos de vinte mil exemplares juntos, Brown decidira que, se seus dois livros seguintes tivessem a mesma recepção dos três primeiros, ele faria o que já tinha feito antes: dar por encerrada a tarefa e encontrar outra coisa para fazer, ou então voltar à sala de aula.

Afinal, para todos os efeitos, ele nem deveria estar onde estava. Via de regra, as editoras não apóiam com tanto marketing e tanto dinheiro romancistas relativamente desconhecidos. Assim, enquanto os editores se encarregavam de publicar e colocar os três livros nas livrarias, a verdade é que cabia basicamente a Brown divulgá-los.

E ele fez isso, novamente com a parceria de sua mulher. Blythe cuidou da publicidade dos romances de seu marido – escrevendo *releases* para a imprensa, contatando repórteres e produtores e marcando entrevistas –, enquanto Dan só precisava aparecer, no intervalo entre as pesquisas e o desenvolvimento de seu próximo livro, claro.

Detalhe interessante: havia dois livros de Dan Brown que nem ele nem Blythe queriam que o público conhecesse, por medo de que desviassem a atenção de seus romances. O livro *187 Men to Avoid: A Survival Guide for the Romantically Frustrated Woman* [187 homens que devem ser evitados: um guia de sobrevivência para a mulher romanticamente frustrada] era curto, bem-humorado e malicioso, publicado em 1995 sob o pseudônimo de Danielle Brown, e recomendava às mulheres afastarem-se de homens que, entre outras coisas, "acham que soltar gases é bonitinho" e "conhecem mais de dez gírias para seios". E *The Bald Book* [O livro dos carecas], que foi lançado em 1998, pouco depois da publicação de *Fortaleza digital*, seu primeiro romance. Embora Blythe fosse apontada como autora e ilustradora desse pequeno volume, cujo intuito era fazer os homens carecas se sentirem melhor com as piadas tolas e as caricaturas desenhadas, a verdade é que o próprio Dan escreveu o livro, que incluía pérolas do tipo "Você é mais aerodinâmico" e "Limpeza mais rápida".

Estivesse Brown fazendo o que fosse – pesquisando história da arte pouco conhecida, promovendo seus livros para a mídia ou tentando se afastar desses outros livros –, aquilo que mais lhe agradava era passar todos os dias trabalhando com Blythe, coisa que não poderia fazer se voltasse a dar aulas de inglês no colégio.

E assim ele resolveu apostar seu futuro numa premissa pouco conhecida que vinha sendo apregoada discretamente, havia séculos, tanto nos círculos artísticos quanto nos religiosos, mas que não era do conhecimento do público em geral. Uma vez revelada de forma popular nas páginas do novo romance de Brown, com certeza despertaria muita controvérsia, principalmente na Igreja católica. Mas, novamente, nada nesse ramo de negócios era garantido. E ele ainda estava incomodado.

Observou mais um grupo de turistas passar para ver a *Mona Lisa* e tentou não se preocupar.

Claro que, se avançarmos alguns anos, o cenário parecerá totalmente diferente. Após a publicação de seu quarto romance, *O código Da Vinci*, em março de 2003, a sorte de Brown mudou de maneira marcante. Agora, sempre que aparecia em uma sessão de autógrafos ou em programas de televisão como o *Today Show* ou *Good Morning America*, era recebido por multidões de fãs barulhentos, em filas que davam a volta no quarteirão; e todos, desde Charles Gibson a Matt Lauer – incluindo Steven Tyler, do Aerosmith – aguardavam suas palavras.

Embora obviamente gostasse da adoração e do clamor por seu livro, um olhar ligeiramente perturbado aparecia em seu rosto, como que projetando sua real preocupação: Como ele poderia escrever outro livro que tivesse o mesmo sucesso desse? Além disso, sentia-se visivelmente pouco à vontade por ser o foco da atenção de todos, um dos principais motivos que o fez abandonar a carreira de músico.

Atualmente, Dan Brown é um mega-autor que vende muito, com mais de 25 milhões de exemplares do livro que tanto o preocupava – *O código Da Vinci* – impressos no mundo todo. O livro ficou por mais de dois anos entre os cinco mais vendidos na lista do *The New York Times*. Desde então, Brown parou de dar entrevistas e só retornará quando for lançado *The Solomon Key* [A chave de Salomão], seu ansiosamente aguardado quinto romance, que propõe explorar as origens e os mistérios de uma das mais antigas sociedades secretas ocidentais: a maçonaria.

Quanto ao fato de ter se tornado uma legítima celebridade – e de *O código Da Vinci* ser um título mundialmente reconhecido –, Brown disse que ninguém ficou mais surpreso que ele com o sucesso do livro, principalmente depois da dúvida que sentira. "Trabalhei muito nesse livro, e não me surpreende o fato de as pessoas gostarem dele", afirmou, "mas não esperava que toda essa gente gostasse tanto assim"[1].

Parece muita modéstia, mas é possível que, mais uma vez, suas palavras sejam parte de uma campanha bem astuta; os técnicos de mídia e divulgadores de livros sabem que os leitores preferem quando seus mega-autores se encaixam numa categoria do tipo "Ora, eu só escrevi um livro". Essa postura cautelosamente criada, de falsa humildade, pode operar milagres no sentido de aplacar o ciúme de seu sucesso, que poderia prejudicar as vendas.

É desnecessário dizer que, com o sucesso do livro, sua vida mudou radicalmente. Em questão de meses, ele, que antes tinha uma vida aberta e conversava de bom grado com qualquer repórter de jornal ou TV que o procurasse, se viu obrigado a suspender toda e qualquer entrevista na mídia. Hoje, por necessidade, ele vive uma vida relativamente enclausurada. Tenta preservar sua privacidade e pede aos amigos e colegas de trabalho que façam o mesmo por ele. Ele não tem a ilusão de que poderá voltar à vida tranqüila que levava antes de *O código Da Vinci*, livro que o transformou em celebridade em alguns setores e *persona non grata* em outros.

Claro que a história não pára por aí. A reação crítica a *O código Da Vinci* foi mais diversa – e, num ponto extremo, muito mais venenosa – do que Brown ou seus editores haviam previsto. Dan Brown e seu livro tornaram-se alvos de uma difamação eclesiástica sem paralelos na história editorial moderna.

Talvez seja um preço a pagar. No fim de 2005, a publicação de *The Solomon Key*, originalmente marcada para maio daquele ano, estava adiada sem previsão de uma nova data. Isso levantou a especulação de que Dan Brown talvez estivesse sufocado sob a pressão e o sucesso de *O código Da Vinci*.

Hoje, ele só aparece em público se o evento envolver uma das três causas que lhe são tão preciosas: o New Hampshire Writers' Project; uma clínica de saúde sem fins lucrativos chamada Families

First; ou a Academia Phillips Exeter, internato particular da elite que, pode-se dizer, o educou, cuidou dele e lhe deu as ferramentas necessárias para alimentar a imaginação responsável por trazer ao mundo *O código Da Vinci*.

Na verdade, o desejo de Dan Brown de viver uma vida plenamente criativa, experimentando para isso o ramo musical, depois escrevendo livretos de humor e, por fim, romances em tempo integral, se parece muito com as provações, tribulações e constantes conflitos que Robert Langdon – seu *alter ego* e protagonista de seus dois romances mais famosos, *Anjos e demônios* e *O código Da Vinci* – enfrenta em quase todos os capítulos. Robert Langdon, um professor de iconologia religiosa em Harvard, que se refere a si mesmo como um simbologista, enfrenta em ambos os livros inúmeros desafios de arrepiar os cabelos, que, no decorrer de 24 horas, ameaçam sua vida.

Em outras palavras, houve muitas ocasiões na vida de Dan Brown que quase o fizeram largar tudo, em que ele foi tentado a desistir e voltar à sua vida antiga, previsível, porém segura.

Tudo começou em Exeter, New Hampshire.

Capítulo 1

De códigos secretos e sociedades secretas

"Cresci em um lar onde as charadas e os códigos faziam parte de nossa diversão", disse Dan Brown, lembrando-se de sua infância. "Na manhã de Natal, quando a maioria das crianças encontrava os presentes sob a árvore, meus irmãos e eu achávamos um mapa do tesouro com códigos que seguíamos, cômodo a cômodo, até chegarmos aos presentes, escondidos em alguma outra parte da casa. Por isso, para mim, os códigos sempre foram divertidos[1]." Ainda sobre a infância, ele comenta: "Minha casa também era um lugar de matemática, música e língua. E os códigos e cifras são, na verdade, a fusão de todas essas formas de linguagem"[2].

A mãe e o pai de Dan montaram a primeira caça ao tesouro na manhã de Natal quando ele tinha dez anos. Em vez de acordar e ver uma pilha de presentes embrulhados em papel colorido, ele encontrou um poema. Embora não tenha revelado o que dizia o poema, ele explicou que havia pistas que o levaram, bem como sua irmã, Valerie, com seis anos na época – o irmão caçula, Gregory, ainda não tinha nascido –, a outra sala na casa. Lá, ele localizou um cartão onde estava escrita a letra *E* e outro poema.

Esse jogo continuou até ele ter lido mais quatro poemas e apanhado mais quatro cartões com as letras *C*, *O*, *P* e *T*. O poema encontrado com o último cartão explicava às crianças que as letras, se colocadas na ordem correta, formavam o nome de seu presente de Natal.

Não demorou muito para que Dan e Valerie descobrissem que o presente dos dois era uma viagem ao Epcot Center, na Disney World, na Flórida. As crianças adoraram decifrar o enigma, e seus pais gostaram tanto do desafio de planejar e montar a caça ao tesouro que a prática natalina continuou como uma tradição na família Brown até o filho mais novo, Gregory, sair de casa em 1993.

Ao lhe perguntarem se houve um Natal em que ele e seus irmãos não conseguiram encontrar uma pista ou um presente, ele respondeu: "Puxa, espero que não. Meus pais eram muito generosos. Se não encontrássemos, eles nos mostrariam"[3]. Mas, em seguida, Brown comentou que a primeira coisa que ele fazia quando visitava os pais era procurar num armário qualquer presente que tivessem esquecido. Embora esse comentário possa ser uma brincadeira com a pessoa que o entrevistava, também indica a suspeita natural de Brown de que as pessoas poderosas – nesse caso, os pais – *sempre* guardam segredos, e que seria um grande e divertido desafio descobrir a verdade.

"Cresci cercado pelos clubes clandestinos das universidades que constituem a Ivy League, pelas lojas maçônicas de nossos Pais Fundadores e pelos obscuros recessos do poder governamental", disse Dan Brown. "A Nova Inglaterra tem uma longa tradição de clubes privados da elite, fraternidades e segredo[4]."

Tudo o que é necessário para entender o que mexe com Dan Brown se encontra em Exeter, cidade fundada em 1638, na costa marítima do estado de New Hampshire, onde ele passou três quartos de sua vida. Para ser mais específico, você precisaria examinar os corredores e as pessoas da Academia Phillips Exeter, uma escola interna preparatória elitista que cobre os graus nono a décimo segundo. Nela estudaram membros das famílias Dupont e

Getty, além de indivíduos notáveis na política, como os colegas de quarto David Eisenhower e Fred Grandy – cuja visibilidade pública começou na década de 1970, no programa de TV *O barco do amor* – e Arthur Schlesinger Jr.

Outros escritores que freqüentaram a academia foram Gore Vidal, George Plimpton, Joyce Maynard, Donald Hall e Booth Tarkington. Por séculos, a cultura da maioria das escolas preparatórias da Nova Inglaterra se caracterizava por uma mescla de nobreza e elitismo, de modo que muitas gerações de estudantes – não só da Phillips Exeter, mas também de outras escolas, incluindo Deerfield, Phillips Andover e Choate Rosemary Hall – se formam com uma noção de privilégio que é capaz de se estender para o resto de sua vida, em muitos casos.

Diante do fascínio de Dan Brown por sociedades secretas e por história, e da ênfase de sua família na educação e na paixão por decifrar códigos e quebra-cabeças, não é de surpreender a escolha dos temas de seus romances. Afinal, ele não só cresceu em Exeter, New Hampshire, mas recebeu a influência de séculos de vida de cidadãos que o antecederam.

Compare uma visão atual da Water Street – a principal via que atravessa a cidade – com cenas de Exeter mostradas em cartões-postais do início do século XX, e logo verá que a arquitetura da cidade mudou muito pouco no decorrer dos anos. Na verdade, muitos lojistas da atualidade se orgulham dos tetos de estanho e madeira polida que remontam a uma época antiga, mais distinta.

Há quem diga que a elegância e a busca agressiva de tudo o que for intelectual, geradas nessa refinada cidade à beira-mar, nunca a deixaram. Boa parte da razão para isso pode ser atribuída à Academia Phillips Exeter, fundada um século e meio após o início da criação da cidade como base britânica para transporte e exploração da terra.

Mas, desde seus primeiros tempos, Exeter desenvolveu uma reputação de "cidade-escola". Na verdade, os moradores davam tanto valor à educação de seus filhos que as primeiras aulas formais para crianças começaram em 1640, apenas dois anos depois de o reverendo John Wheelwright fundar o primeiro povoado naquela região de densas florestas.

A ênfase da cidade nos interesses intelectuais nunca diminuiu com o passar do tempo, e, no início do século XIX, a cidade continha um bom número de escolas, desde aquelas com uma única sala de aula, que funcionavam em casas simples, até as bem conhecidas academias, incluindo a Phillips Exeter, e que já naquela época admitiam estudantes de outros estados.

Como muitas cidadezinhas da Nova Inglaterra no período, Exeter tinha várias sedes de organizações fraternas, clubes privados e grupos sociais, pontos de encontro de comerciantes, imigrantes e professores que ali podiam participar de atividades prazerosas entre cidadãos com os mesmos gostos. Alguns desses grupos tinham uma forte raiz histórica, enquanto outros apenas se reuniam informalmente; a maioria era segregada por sexo. Além disso, muitas das sociedades tinham uma face pública – geralmente envolvida em angariar dinheiro para causas locais de caridade e para os pobres – e um lado oculto, repleto de vestimentas especiais, modos particulares de se dirigirem uns aos outros, rituais e iniciações de afiliação, tudo mantido em segredo para quem fosse de fora.

Uma das organizações sociais mais populares na cidade era a Ordem Melhorada dos Peles-Vermelhas, sociedade que descendia de um grupo chamado Os Filhos da Liberdade, fundado em 1765 por participantes da Festa do Chá de Boston. A irmandade determinava que seus membros amassem e respeitassem a bandeira americana, ajudassem o próximo colaborando em programas organizados de caridade e apoiassem ativamente o modo democrático de vida, ao mesmo tempo preservando as tradições e a história dos Estados Unidos. Seus membros freqüentavam as reuniões vestidos com roupas de índios, inclusive o cocar; a ala feminina do grupo era o Grau de Pocahontas. A irmandade foi popular desde os tempos vitorianos até a década de 1960. O ápice de sua afiliação ocorreu na década de 1930, com meio milhão de membros. Hoje se estima que sejam cerca de trinta mil membros em todo o país.

Outro grupo na cidade era conhecido como Estrela da Loja do Oriente, Número 59, dos Maçons Livres e Aceitos do Oriente, também conhecidos apenas como maçons. Essa loja foi formada em 1857, com a determinação de que as reuniões fossem conduzidas "na quinta-feira da semana de lua cheia". Os maçons ainda são ativos em Exeter e atualmente se reúnem no segundo andar do Salão Maçônico na Water Street.

Outras "sociedades secretas" que foram ativas em Exeter nos séculos XIX e XX incluem a Ordem Independente dos Companheiros, a do Mistério Real de St. Albans, os Bons Templários e os Cavaleiros de Pítia. Dan Brown usa todos esses grupos em menor ou maior grau em seus livros.

Uma nota paralela interessante: Dan Brown não foi o primeiro autor, aclamado com esse sobrenome, a vir de Exeter, ou a basear seus personagens nas pessoas da cidade. Alice Brown (1856-1948) nasceu na cidade vizinha de Hampton Falls, New Hampshire, e foi uma célebre autora de ficção regional, tendo escrito obras como *Tiverton Tales* [Histórias de Tiverton] e *Meadow Grass* [Capim-do-campo]. Escreveu também obras de não-ficção, incluindo um estudo sobre Robert Louis Stevenson e um livro de ensaios sobre viagens pela Inglaterra. Com sua peça *Children of the Earth* [Filhos da terra], conquistou um prêmio de dez mil dólares em 1914.

Assim como Dan Brown, Alice Brown era professora. Ela lecionou em Exeter durante vários anos no Seminário Robinson, uma famosa escola para meninas, na segunda metade do século XIX. Também como seu futuro conterrâneo, ela saiu de Exeter com pouco mais de vinte anos e foi para Boston, onde pôde se dedicar totalmente à carreira de escritora.

Diferentemente de Dan, porém, ela nunca voltou a viver de forma permanente em New Hampshire. Passou a escrever cada vez menos, à medida que o gosto popular deixava de apreciar os romances regionais, que eram sua especialidade. Em 1935, Alice Brown parou de escrever completamente. É improvável que ela e Dan Brown sejam parentes.

O aclamado autor de *O mundo segundo Garp*, John Irving, nasceu em Exeter e cresceu na Front Street, num quarteirão situado abaixo da casa em que Dan Brown passou sua infância.

A Academia Phillips Exeter, fundada em 1781, é ao mesmo tempo antiga – seu edifício mais velho, a Nathaniel Gilman House, foi construído em 1735 e é anterior ao da academia – e moderna: seu atual corpo discente é composto por alunos de 29 diferentes países, a biblioteca é bastante atualizada, e a filosofia predominante da escola é ter os olhos no futuro. Embora a maioria das escolas internas mantenha um *campus* afastado da cidade, a Phillips Exeter é diferente, pois está convenientemente localizada no centro de Exeter, permitindo aos alunos ir às lojas na Water Street ou na Front Street, e eles consideram o local de encontros na comunidade central da cidade – o *Common* – uma extensão da própria escola.

Entretanto, como a maioria das escolas internas da Nova Inglaterra, a Academia Phillips Exeter é um mundo à parte, isolado da agitada atividade cotidiana de pessoas não relacionadas a ela. Em essência, a Phillips Exeter é uma sociedade secreta, onde os novos alunos aprendem rapidamente que a cultura está inserida em uma mentalidade do tipo "nós *versus* eles". Os alunos e os professores sentiam-se como "os de dentro", e as pessoas do resto do mundo seriam "os de fora". O que acontece no interior de suas paredes não é observado por quem está fora, e os que estão dentro gostam de manter esse segredo.

Essa visão é quase essencial para os sólidos vínculos e o aprendizado ativo que acontecem na maioria das escolas particulares elitistas, mas a idéia de uma escola particular como sociedade secreta pode ter-se imbuído no espírito de Brown em um nível mais profundo do que em seus colegas, por um motivo simples: ele passou toda a infância na escola.

Ele não só estudou na academia da nona à décima segunda série, mas praticamente cresceu no *campus*, já que seu pai, Richard, entrou para o corpo docente dois anos antes de Dan nascer.

Richard G. Brown chegou às portas da Academia Phillips Exeter no outono de 1962 como o novo professor de matemática. Trouxe consigo sua nova esposa, Constance, estudante de música sacra e experiente organista de igreja.

Embora Richard não tivesse sido aluno da academia, como geralmente era o caso de muitos de seus colegas professores, ele sentia que a Phillips Exeter proporcionaria uma educação superior aos filhos que ele e Constance pudessem um dia ter. Assim, embora Richard tenha iniciado sua carreira na academia como um "de fora", seus filhos eram vistos, desde o primeiro dia, como sendo "de dentro".

Juntos, os recém-casados logo se adaptaram à vida no *campus*, uma vez que os membros do corpo docente tinham que morar lá durante os primeiros anos em que trabalhassem na escola.

O senhor e a senhora Brown não se importavam nem um pouco. Estavam ansiosos para se envolverem totalmente na vida cotidiana da escola e passarem o tempo com os alunos e professores que tinham paixão por uma conversa inteligente e por interesses acadêmicos. Os Browns queriam formar uma família, e seu primeiro filho, Dan, nasceu dois anos depois, em 22 de junho de 1964. Uma filha, Valerie, nasceu em 1968, seguida de outro menino, Gregory, em 1975.

Na realidade, Dan Brown não foi o primeiro autor de *best-sellers* na família. Richard Brown foi co-autor de uma série de livros didáticos de matemática que se tornou *best-seller* e foi recomendada nas salas de aula de todo o território norte-americano.

Advanced Mathematics: Precalculus with Discrete Mathematics and Data Analysis [Matemática avançada: pré-cálculo com Matemática Discreta e análise de dados] é o material ainda usado como texto básico em cursos de matemática avançada. Em determinado ponto de sua carreira, seu trabalho chamou a atenção da Agência Nacional de Segurança (NSA), e, embora essa repartição governamental secreta o recrutasse muitas vezes, Richard Brown nunca trabalhou lá. Ele amava seu emprego na academia e, apesar de lisonjeado pelo interesse da NSA, resolveu não parar de lecionar nem tirar as raízes de sua família.

A família Brown era ativa no *campus*, e Richard e Connie encorajavam seus filhos a equilibrar interesses educacionais com atividades físicas todos os dias, dentro das possibilidades de cada um. Em casa, porém, a atividade principal era a intelectual.

"Quando eu tinha dez anos, a magnífica autora Madeleine L'Engle me introduziu em um mundo de misticismo e aventura", disse Brown anos mais tarde. "Seu clássico, *Uma dobra no tempo*, foi o primeiro livro que li mais de uma vez – quatro vezes, para ser exato –, e o conceito fascinante dela sobre as tésseras me fez pensar em nosso universo como sendo multidimensional. Tenho certeza de que a curiosidade incitada por esse livro teve um papel fundamental em meus futuros interesses. Talvez isso fosse apenas em função de ele ser o livro certo no momento certo, mas nunca mais outra fantasia me dominou com tanta força como *Uma dobra no tempo*. Estranhamente, três décadas depois, começo a sentir de novo parte da excitação de criança, usando temas semelhantes de magia e misticismo em meus livros[5]."

Como os professores da Phillips Exeter tinham de morar no *campus* por vários anos antes de se mudarem para uma casa ou apartamento na cidade, Dan vivia imerso na cultura da academia desde sua mais tenra infância, fazendo a maioria das refeições na sala de jantar com os pais e morando num quarto entre os quartos dos alunos.

Dan freqüentou as escolas públicas de Exeter até o nono ano escolar, quando então se matriculou na Academia Phillips Exeter. Quando entrou lá, no outono de 1978, já estava profundamente enraizado na cultura daquela antiga e seleta escola preparatória para a faculdade e achava que tinha uma grande vantagem sobre os recém-chegados de todos os pontos dos Estados Unidos e de outros países. Dan podia ser um filho mimado de professor, e sua família podia não ter o dinheiro que se supunha que a maioria dos outros alunos tivesse, mas ele conhecia muito bem a cultura da Phillips Exeter.

"Era mesmo um ótimo lugar para a gente estar, porque havia pessoas de todo o mundo", disse Susan Ordway, que freqüentou a escola e fez parte da classe de Dan em 1982, que tinha 250 alunos.

Quando Dan entrou para a academia, seus pais já moravam fora do *campus*. Assim, ele freqüentava as aulas não como aluno interno. Ele logo desenvolveu uma reputação de "brincalhão e extrovertido", como Ordway descreveu o adolescente Dan Brown. "Ele era divertido e uma boa companhia. Sempre sabia fazer uma piada na hora certa, via as coisas engraçadas nas outras pessoas e não levava nada muito a sério; por isso é que eu gostava da companhia dele", ela disse.

Enquanto os alunos internos moram, comem e dormem com outros alunos internos e professores, e não costumam ter muito contato com as pessoas de fora da escola, os alunos de escolas particulares que não moram na escola levam uma vida não muito diferente da que vivem os que freqüentam escolas públicas. Eles vão para casa no final da aula e das atividades extracurriculares. O fato de Dan se tornar um aluno assim após ter crescido no *campus* significava que ele tinha um pé em cada um dos mundos. Freqüentava a escola numa comunidade fechada, enquanto vivia no mundo exterior.

Ele tinha participação ativa nas atividades musicais da escola e dizia aos colegas e professores que planejava se mudar para Los

Angeles e se tornar cantor e compositor depois de se formar na faculdade. "Ele tinha uma voz muito bonita", Ordway lembrou.

Apesar das freqüentes notícias e histórias de fraternidades secretas e rituais nas escolas particulares da Nova Inglaterra, segundo Ordway, o que existia na Phillips Exeter era, no máximo, *Dungeons & Dragons*, o jogo *cult* de RPG do qual Dan não participava. "Na época, o *Dungeons & Dragons* atraía os desajustados no *campus*, e Dan não era um desajustado nem um tipo solitário", ela explicou.

A programação escolar diária com aulas o dia todo, lições de casa e prática de esportes, que era obrigatória, não deixava muito tempo livre para os alunos arrumarem encrenca. Os alunos internos tinham que estar no dormitório às nove ou dez horas da noite, quando Dan já estava em casa havia muito tempo.

Pregar peças era importante para quebrar a tensão no *campus*, mas geralmente era uma atividade inofensiva. A maioria das brincadeiras acontecia na biblioteca, projetada pelo famoso arquiteto da Filadélfia, Louis Kahn, porque seu prédio tinha um átrio enorme que convidava a brincadeiras. Uma delas era espalhar fios pelo espaço aberto, sobre o piso principal, para criar uma teia de aranha; outra era jogar bolas de pingue-pongue por cima da beirada do prédio.

Os alunos do último ano tinham mais liberdade, pois sua formatura estava se aproximando, e costumavam fazer concursos para ver quantas das "oito regras principais" eles podiam quebrar. As oito regras eram aquelas que podiam levar um aluno a ser expulso da Phillips Exeter e incluíam de tudo, desde beber e usar drogas, colar em provas e plagiar trabalhos, até subir no telhado de um dos prédios do *campus*.

Além de serem ativos física e intelectualmente, os alunos da Phillips Exeter "orgulham-se do fato de que, se não puderem fazer mais nada, pelo menos aprendem a escrever"[6], diz Brown.

O calouro Dan Brown teve aulas de inglês com Jack Heath. Figura mítica no *campus*, Heath tinha a reputação de ser homem de poucas palavras. Dan estava animado por finalmente ter um professor que poderia avaliar o que aquele garoto de 14 anos modestamente achava que tinha: vocação para a palavra escrita.

Como primeiro trabalho escolar de inglês, Dan escolheu escrever um ensaio sobre o Grand Canyon. "Descrevi com uma prolixidade inesgotável as sutis cores e fissuras da pedra calcária", ele disse. "O professor Heath me devolveu a redação toda manchada de vermelho. Ele tinha excluído 90% de meus adjetivos e me havia dado um C negativo. No alto da página, estavam escritas estas palavras: 'Mais simples é melhor'[7]."

No fim do semestre, Dan tinha conseguido uma média C positivo. No último dia de aula, enquanto os alunos saíam em fila da sala, o garoto mimado, filho de professor, foi pedir algumas palavras de sabedoria a Heath.

"Mais simples é melhor", repetiu o professor.

No último ano de Dan na academia, Heath apareceu novamente em sua vida, agora como seu técnico de beisebol. Comparados com os de outros técnicos na Phillips Exeter e em times adversários, os sinais que Heath enviava aos jovens atletas eram mais diretos e objetivos. Em vez de uma intricada série de movimentos com as mãos e a cabeça para esconder os sinais que queria dar aos jogadores, Heath apenas inclinava a cabeça na direção da segunda base quando queria que o corredor da primeira base tentasse roubar a bola.

Numa ocasião, Dan perguntou ao professor por que sua estratégia era tão diferente da dos outros técnicos. Como antes, o senhor Heath respondeu: "Mais simples é melhor".

Mais tarde, depois do sucesso de *O código Da Vinci*, Dan diria com freqüência aos entrevistadores e aspirantes a escritor que a chave do sucesso de suas histórias era o uso liberal da tecla "delete" em seu computador. Embora tenha levado algum tempo, as lições que ele aprendeu no colégio finalmente surtiram efeito. Na verdade, Brown citou diretamente a influência de Heath na elaboração do romance que se tornou *Fortaleza digital*, dizendo que, por fim, tinha aprendido a diminuir o uso de adjetivos em seu texto.

Detalhe interessante: havia pelo menos dois outros futuros romancistas de peso na Phillips Exeter quando Dan estava terminando o colégio: Brooks Hansen, autor de *The Chess Garden*, e Chang-Rae Lee, autor do muito aclamado *A Gesture Life* [Uma vida gestual], eram membros da turma de 1983, um ano depois de Brown. Além deles, Henry Blodget, que se tornaria analista de Wall Street e um homem bem-sucedido durante o *boom* das ações no fim da década de 1990, também foi aluno da Phillips Exeter quando Dan ainda estava lá.

Outra lição que Brown aprendeu de cor na Phillips Exeter – e que se tornou evidente nas numerosas disciplinas incorporadas por ele em seus romances – era que a melhor aspiração que se podia ter na vida seria tornar-se um homem culto. Afinal, um dos objetivos não divulgados de muitas escolas particulares é munir os alunos de conhecimentos bem abrangentes, objetivo esse alcançado de modo geral quando se introduz o aluno nas mais diferentes disciplinas e nos diversos tópicos possíveis dentro das ciências, artes, literatura e esportes. Claro que a idéia é expor os estudantes a múltiplas disciplinas antes da faculdade, onde eles acabarão por escolher uma área e se concentrar nela.

Talvez Dan tenha levado isso mais a sério que os outros alunos porque viveu imerso nessa filosofia desde muito novo e porque a observou durante toda a infância. Essencialmente, ele estava em seu meio quando aprendia alguma coisa sobre a qual nada sabia.

Essa curiosidade acerca de tudo e o desejo de aprender continuariam depois do colégio. Ele experimentou o mundo musical como compositor depois da faculdade, mas logo descobriu que não tinha estômago para um negócio tão intenso e implacável, e percebeu que não gostava de cantar na frente das pessoas. Entretanto, e mais importante, a música não lhe dava a oportunidade de incorporar à sua vida um número de diferentes disciplinas nem de aprender algo que ele não sabia. Foi por isso que Brown passou a gostar muito de lecionar algum tempo depois, porque, quando estava conduzindo uma classe em uma única matéria como o inglês, por exemplo, ele tinha ampla oportunidade de introduzir outros temas e idéias numa lição. Em toda a sua vida, ele sempre teve muita dificuldade para se concentrar em uma disciplina por vez, o que se vê com clareza na diversidade de temas em seus livros.

Um dos motivos por ele se sentir tão à vontade com múltiplas disciplinas é o fato de que, na casa dos Browns, dois assuntos que o resto do mundo pode ver como pólos opostos – ciência e religião – coexistiam em paz e, na verdade, até prosperavam. Seu pai ganhava a vida lecionando e escrevendo sobre matemática, enquanto sua mãe estudava música sacra e tocava órgão, e os dois combinavam perfeitamente; um não era menos ou mais importante que o outro. Dan Brown teve formação cristã, ia à escola dominical e, na igreja, cantava no coro e passava o verão em seus acampamentos.

Posteriormente, ele explicaria como sua infância o moldou.

"Sendo filho de um matemático e de uma organista de igreja, eu estava perdido desde o começo", disse. "Enquanto a ciência oferecia provas excitantes de suas afirmações por meio de fotos, equações ou evidências físicas, a religião era muito mais exigente, constantemente querendo que eu aceitasse tudo pela fé. Fé é algo que exige grande esforço, principalmente para crianças pequenas, e ainda mais num mundo imperfeito. Portanto, quando criança, eu tendia mais para as fundações sólidas da ciência. Mas, quanto mais eu avançava nesse mundo sólido da ciência, mais o chão parecia ceder sob meus pés[8]."

O pai de Dan também tinha paixão pelo canto. Uma vez, quando Dan ainda estudava na Phillips Exeter, ele levou um grupo de colegas para ver seu pai interpretar o papel principal em *Os pira-*

tas de Penzance, uma produção encenada por um grupo de teatro local. A criatividade era muito incentivada em sua família e nunca desencorajada. "Eu sempre soube que teria de fazer algo criativo na vida"[9], Dan afirmou.

Susan Ordway se lembra de que Brown queria se dedicar à música depois do colégio, e de que mantinha seus colegas informados de seus interesses, mas ela e outros amigos se surpreenderam quando ele publicou seu primeiro romance, *Fortaleza digital.* A surpresa também era causada pelo fato de Dan Brown nunca ter revelado seu fascínio por todos os tipos de sociedades secretas aos outros alunos.

"Ele nunca fez ou disse coisa alguma na escola que indicasse interesse pelas sociedades secretas", disse Ordway. "Ele tinha uma personalidade aberta e brilhante, saía com os amigos e, basicamente, se dava bem com todo o mundo. Era um cara normal, feliz, com uma vida familiar equilibrada e cujo pai trabalhava no *campus.* Nunca vimos nenhum indício da paixão pelas sociedades secretas na escola."

Capítulo 2

Saindo do ninho

"Quando me formei na faculdade, tinha duas paixões: escrever ficção e escrever música[1]."

Após se formar na Academia Phillips Exeter na primavera de 1982, Dan Brown passou o verão viajando pela Espanha. Essa viagem aumentou seu desejo de ver mais do mundo; quando se matriculou na Faculdade de Amherst no outono seguinte, entrou para um clube de canto e inscreveu-se para participar de uma viagem pelo mundo no ano seguinte. Brown cita a viagem como uma das melhores experiências que teve na faculdade, mencionando a exposição a novas culturas e a outros povos como a parte mais importante. "Estivemos em 13 ou 14 países por alguns meses", disse ele, "e, se não fosse assim, eu nunca os teria visitado. Foi fantástico"[2].

Enquanto esteve em Amherst, participou do time de *squash*, onde admitiu ter perdido inúmeras partidas e ter "apanhado" nas competições nacionais. Além disso, continuou desenvolvendo seu lado de homem culto, matriculando-se num curso de especialização em inglês e espanhol.

Ele cita outra experiência formativa na faculdade: uma aula dada por Alan Lelchuk, romancista que foi professor visitante de inglês em Amherst por vários anos. "Ele era muito intenso, e eu escrevia cada vez mais", disse Brown. Assim como os outros alunos na turma, ele estava animado por ter um professor que era também um autor ativo, com obras publicadas. Na época, porém, Brown não via Lelchuk como modelo para sua futura atividade. O homem mais velho era apenas um professor, que o desafiava continuamente a dar o melhor de si, assim como Jack Heath fizera na Phillips Exeter.

De fato, embora Brown admita que Lelchuk lhe tenha mostrado como refinar sua prática de redação e incitado sua criatividade, ele não pensava numa futura carreira como romancista enquanto estava na faculdade. Apesar de Brown ter passado a maior parte de seu tempo livre trabalhando em uma grande variedade de criativos projetos escritos, diz ele que nunca imaginava ter necessidade de escrever o tipo de prosa que o professor Lelchuk ensinava. Em vez disso, planejava aplicar as lições que aprendia e a disciplina da redação diária à atividade de escrever música e à carreira de músico que ele já tinha resolvido seguir quando se formasse. Futuramente, porém, ele atribuiria à sua experiência nas aulas de redação com Lelchuk a confiança de tentar escrever seu primeiro romance, uma década mais tarde.

Brown cita mais um incidente que teve importância fundamental nos anos futuros. Ocorreu durante seus primeiros anos na Faculdade de Amherst, quando passou um ano na Espanha, estudando na Universidade de Sevilha.

Como era seu hábito, durante o ano que ficou na Espanha, Dan decidiu estudar uma disciplina da qual tinha pouco conhecimento: história da arte. Lá a semente do que se tornaria *O código Da Vinci* foi plantada por um de seus professores. Um dia, na aula, o professor falou sobre a arte de Leonardo da Vinci e mostrou alguns *slides*. Ele apontou anomalias, mensagens ocultas e piadas que Da Vinci inserira em seus quadros, esculturas e desenhos.

O professor mostrou um *slide* da *Santa ceia* e comentou em tom casual, com uma classe cheia de estudantes sonolentos, que a figura sentada à direita de Jesus na pintura não era João, como a tradição dizia, e sim uma mulher – mais especificamente, Maria Madalena. O professor foi mostrando outros segredos no quadro, incluindo o fato de não haver nenhum cálice de vinho em lugar algum.

Essa aula de rotina sobre as pinturas de Da Vinci foi um catalisador para a imaginação de Dan Brown. Para o ainda impressionável universitário que passara a vida toda interessado em descobrir difíceis segredos, decifrar códigos e resolver quebra-cabeças, aquela breve exposição o colocou num caminho que acabaria mudando sua vida de um modo que na época ele nem podia imaginar.

"Para os historiadores de arte, isso pode não parecer novidade; para a maioria de nós, no entanto, a idéia de que quadros tão famosos quanto a *Mona Lisa* ou a *Santa ceia* tenham significados ocultos é intrigante", ele disse. "Quando eu estava estudando história da arte na Universidade de Sevilha, pela primeira vez vi a *Santa ceia* como realmente é: um afresco cheio de códigos. Ao observar a *Mona Lisa* e se perguntar por que ela sorri, você mal está tocando a superfície. E pinturas como *A Madona das rochas* e *Adoração dos magos* estão repletas de significado simbólico oculto[3]."

Enfim, os olhos de Dan se abriram, não só para as mensagens secretas que Leonardo da Vinci estava tentando passar aos observadores no transcorrer dos séculos, mas também para a abundância de códigos e mensagens usados intencionalmente que poderia ocorrer em muitas obras no repertório de um artista.

O professor lhe dera de presente um par de olhos totalmente novos, com os quais ele via a arte em todas as suas formas – e não só arte visual, mas também música, literatura e religião. Quando completou seu estudo na Espanha e se preparou para voltar a Amherst, Dan Brown acreditava que tinha aprendido a lição mais importante de toda a sua vida. Não tinha certeza do que ia fazer com ela, por isso arquivou-a para uso futuro.

Após se formar em Amherst, Brown começou uma espécie de programa de aprendiz consigo mesmo. Embora sua meta fosse mudar-se para Los Angeles e conquistar a indústria musical como cantor e compositor, ele sentia que precisava antes aprender mais sobre composição e arranjos de música e produção de bastidores. Além disso, precisava de um tempo para si após ter passado oito anos, às vezes bastante penosos, em duas das mais elitistas escolas particulares do país. Ele desconfiava que sua bagagem educacional não lhe seria muito útil em Hollywood, e realmente, quando chegou à costa oeste, descobriu que era até uma desvantagem.

Mas, por ora, recém-saído da faculdade, decidiu ficar algum tempo em Exeter, guardar dinheiro para sua mudança e mergulhar na música. Comprou um sintetizador e alguns equipamentos de gravação de segunda mão e começou a aprender por conta própria tudo o que podia acerca da tecnologia e de como usá-la para compor sua própria música.

Um dia, fazendo experiências com seu sintetizador, percebeu que alguns barulhos por ele criados soavam exatamente como o coaxar de uma rã. Então compôs uma peça musical curta, na qual tentava reproduzir o som de um lago cheio de rãs. Deu à peça o nome de "Happy Frogs" [Rãs felizes] e continuou experimentando para ver que outros sons animais podia criar no sintetizador. Compôs várias outras canções com sons de animais, dando-lhes os títulos de "Suzuki Elephants" [Elefantes Suzuki], "Swans in the Mist" [Cisnes no nevoeiro] e "Rats" [Ratos]. Resolveu criar um álbum completo para crianças – ou, para sermos mais corretos, uma fita cassete – com canções sintetizadas de animais, e logo tinha completado *SynthAnimals* [Animais sintetizados].

Algumas lojas em Exeter colocaram a fita à venda e vários jornais locais a divulgaram, mas *SynthAnimals* vendeu apenas poucas centenas de cópias. Brown, porém, a considerava uma lição útil e um bem-sucedido primeiro esforço na produção e distribuição de seu trabalho. O que viria em seguida? Ele tinha produzido um álbum para crianças e agora queria aprender a fazer o mesmo para o mercado adulto.

Deixou *SynthAnimals* de lado, enquanto montava sua gravadora pessoal, chamada Dalliance. Em 1990, lançou *Perspective* [Perspectiva], seu primeiro álbum para o público adulto. Dessa vez não fez tudo sozinho e 100% sintetizado, mas chamou alguns amigos da Phillips Exeter para participar do projeto, incluindo Chip Beckett, que cantava e tocava teclado, e Earl Bethel, que tocava baixo e guitarra.

Desde o começo, Brown queria que suas músicas para adultos se destacassem, assim como *SynthAnimals*, que era diferente das demais músicas sintetizadas produzidas na época. Ele classificava sua música na categoria de "as quarenta mais", mas de um modo diferente. "As pessoas perguntam: 'Com quem vocês se parecem musicalmente?', e a gente responde: 'Com ninguém!'. É uma espécie de pop, e as letras são importantes", ele explicava. "Nós tentamos contar uma história[4]."

Assim como aconteceu com *SynthAnimals*, Brown vendeu algumas centenas de cópias em termos locais, mas, mais importante, ele sabia que poderia usar o álbum como *demo* para apresentar sua música aos produtores e agentes em Hollywood. Ele tinha na manga dois álbuns para mercados diferentes e economizara dinheiro suficiente; assim, na primavera de 1991, mudou-se para Los Angeles. Encontrou um apartamento no Franklin Regency, em Hollywood, muito perto dos principais músicos da indústria.

Embora ele achasse que suas músicas e letras eram boas, sabia que precisavam ser aperfeiçoadas e principalmente que precisaria começar a fazer contatos e conhecer gente na indústria que poderia acelerar sua carreira.

Também precisava se sustentar enquanto entrava no mundo da música e não conseguia se imaginar trabalhando como garçom ou como vendedor numa loja qualquer para conciliar as coisas. Por isso, arrumou um emprego na Escola Preparatória de Beverly Hills como professor de espanhol. Para ele, esse era um caminho para os contatos, pois sabia que alguns de seus alunos tinham pais que ocupavam posições influentes e poderiam ajudá-lo a passar à frente de milhares de outros aspirantes a cantor e compositor.

Foi, de fato, um bom passo, ainda que tenha servido apenas para ensiná-lo a interagir com celebridades sem ficar envergonhado. "Reuniões de pais e mestres num lugar como Beverly Hills podem ser muito interessantes", ele diria, mais tarde. "Tente olhar nos olhos de Rupert Murdoch ou nos de Michael Eisner e dizer: 'Olhe, seu filho é preguiçoso e não quer estudar. Ele vai repetir na minha matéria'. É excitante[5]!"

Naquela fase da vida, ele iniciou um padrão que duraria anos, no qual teria de lidar com dois empregos em período integral ao mesmo tempo: professor durante o dia e o trabalho criativo, não-remunerado, que consumia suas noites e fins de semana. O lado bom de lecionar era que isso lhe dava o verão inteiro para trabalhar com sua música.

Tendo-se estabelecido em seu novo apartamento e emprego, Brown pôs mãos à obra. Viu um anúncio de uma empresa chamada Aliança de Músicos Criativos, que distribuía álbuns para artistas independentes através de um catálogo de alcance nacional. Enviou uma fita do *SynthAnimals* para experimentar o terreno, e o dono da empresa, Ron Wallace, achou que o trabalho era bom – e diferente – o bastante para ser incluído em seu catálogo. Posteriormente, Brown acrescentaria um livreto espiral chamado *SynthAnimals: The Itsy-Bitsy Book of Animal Poems* [Animais sintetizados: o minúsculo livro dos poemas animais], que passou a vender junto com a fita.

Quando *SynthAnimals* foi distribuído – provando a Brown que ele tinha um instinto para saber o que venderia naquele ramo de negócios –, ele novamente procurou conhecer pessoas que ajudariam sua carreira a decolar.

Afinal de contas, uma das lições que tinha aprendido no colégio e na faculdade o levaria a progredir em Los Angeles: Ponha o pé pra dentro da porta em que há um grupo de pessoas influentes e faça valer seus direitos como um legítimo membro do clube. Assim, o natural exclusivismo protecionista inerente à maioria dos grupos, principalmente às sociedades secretas – e o que era o ramo musical senão uma sociedade secreta? –, abre-se para você, e as coisas começam a fluir.

Foi assim que ele entrou para a Academia Nacional de Compositores, um grupo que parecia dar certo, pois tinha muitos músicos famosos como membros, incluindo Billy Joel e Prince. A organização oferecia aos aspirantes a compositor apoio moral e instrução tanto em técnica quanto no trato com os negócios.

Brown começou a freqüentar aulas e *workshops* e, como aquele era o primeiro grupo que ele tinha conhecido desde que se mudara para a Califórnia e no qual se sentia à vontade, começou a passar algum tempo na academia quando não estava trabalhando ou levando fitas *demo* a agentes e produtores. Fez amizade com alguns alunos e também com membros do *staff*. Um dia, começou uma conversa com Blythe Newlon, diretora do desenvolvimento artístico da organização.

Como parte de seu trabalho, Blythe lhe mostrou alguns macetes, deu dicas importantes e traduziu parte da política exclusivista do negócio. Ela também ajudou Brown a aprender os aspectos técnicos da arte e a afinar o estilo de sua música, que tendia para o *soft rock*.

Ela deve ter visto algo em Dan porque, pouco depois de tê-lo conhecido, aceitou-o como cliente e resolveu administrar sua carreira de compositor, agendando pequenos shows e marcando testes e reuniões com executivos da indústria de gravação. Foi um passo incomum para Newlon; ela raramente assumia um relacionamento de empresária/cliente com qualquer compositor da academia, uma vez que tal comportamento ficava fora da alçada de suas responsabilidades no emprego. Além disso, não era um procedimento bem-visto por seus colegas de trabalho.

Mas, para Brown, compensou logo. Blythe marcou reuniões com agentes e produtores importantes e o incluiu no show de talentos da academia chamado *Acoustic Underground*. O show foi apresentado primeiro num clube em Santa Mônica chamado At My Place, e só depois foi para o Troubadour, na região oeste de Hollywood. Era costume os compositores e cantores fazerem um teste ou enviarem uma fita para ter a chance de aparecer no show, mas, como Blythe era sua empresária, Brown nunca precisou fazer teste algum. Enquanto muitos dos outros artistas do show tendiam para o gênero acústico da *folk music*, Brown se distinguia porque sua música tinha mais um sabor de *soft rock*, com instrumentação complexa.

Paul Zollo, autor dos livros *Songwriters on Songwriting* [Compositores compondo] e *Conversations with Tom Petty* [Conversas com Tom Petty], trabalhava como editor da *SongTalk*, revista que a Academia Nacional de Compositores publicava para seus membros, na mesma época em que Blythe trabalhava na organização. Ele também produziu com ela o *Acoustic Underground*, do qual era o apresentador.

O escritório de Zollo era ao lado do de Blythe, e ele e outros colegas viam que Brown entrava com freqüência lá para conversar sobre negócios com ela.

Quando foi publicada, em 1991, a primeira edição de *Songwriters on Songwriting* – uma compilação de entrevistas publicadas originalmente em *SongTalk* –, Zollo atraiu muita atenção da imprensa. Enquanto outros nos escritórios da academia comentavam e davam parabéns a Zollo, uma pessoa em particular prestava muita atenção aos louvores da mídia que jorravam sobre o livro.

"Lembro-me de que Dan estava extremamente interessado", disse Zollo. "Ele ficou mesmo animado quando entrei e falei da atenção que eu estava recebendo da imprensa." A curiosidade de Brown era, na verdade, profética, pois mostra que, mesmo naqueles dias, ele sabia que a atenção da mídia – e muita atenção – era a chave do sucesso no ramo musical. O único problema era que ele achava que a mídia se concentraria na música por ele criada, não nele pessoalmente ou em seu desempenho.

Seria uma lição dura de aprender, e que o acabaria levando de volta a New Hampshire. Mas, antes disso, ele precisava ver que ponto conseguiria atingir no mundo da música.

Não demorou muito até Brown ter sua grande chance, e Blythe colaborou para isso: ele teve a oportunidade de lançar *Dan Brown*, seu CD de estréia com canções próprias e selo próprio – DGB Music – com o apoio de alguns dos mais talentosos músicos de estúdio de Hollywood.

"Ao ouvir o trabalho de Dan, a Academia Nacional de Compositores decidiu adotar uma abordagem mais funcional para sua carreira", escreveu Blythe em um comunicado oficial. "Nós recomendamos que ele, em vez de tentar o contrato padrão para gravação, trabalhasse com um dos mais respeitados produtores da música pop na atualidade."

A Academia Nacional de Compositores não costumava se envolver em um acordo assim. Geralmente, uma gravadora assina um contrato com um artista e a seguir paga tudo o que for relacionado à produção, distribuição e promoção do álbum. Depois que o álbum é lançado, toda renda obtida das vendas vai diretamente para a gravadora, e pode levar meses ou anos até que o artista receba um centavo das vendas. Na verdade, vários deles nunca chegam a ganhar dinheiro algum.

"Brown usou suas fitas *demo* e um bocado de talento pessoal para convencer Barry Fasman, o Produtor Britânico de Discos do Ano, a ajudá-lo a fazer um disco", ela continuou. "Barry concordou em produzir um álbum baseado na qualidade da composição de Dan e em sua habilidade vocal... Nós esperamos realmente que algum dia Dan Brown seja incluído no rol de nossos membros mais bem-sucedidos, talentos como Billy Joel, Paul Simon e Prince."

A indústria se animou com a notícia da estréia de Brown quando Barry Fasman entrou em cena como produtor. Seu currículo parece um "Quem é quem" da indústria musical. Ele produziu e/ou fez arranjos para álbuns de Johnny Mathis, Diana Ross, Barry Manilow, Billy Joel e Air Supply, entre outros, compôs e foi arranjador de trilhas sonoras para numerosos filmes, incluindo *JFK: A pergunta que não quer calar*, *My Mom's a Werewolf* [Minha mãe é um lobisomem] e *Hellgate* [Porta do inferno]. Ele ganhou o prêmio Produtor Britânico de Discos do Ano em 1982.

Os músicos de estúdio também eram muito eficientes. Entre eles, havia o baixista de Madonna, o baterista dos Doobie Brothers e um saxofonista que tocara com Michael Jackson e Paul McCartney. As apostas, portanto, eram altas, e o otimismo em torno de Dan Brown e seu futuro como cantor e compositor era considerável.

Com esse apoio estelar dos veteranos da indústria, Brown sentia-se confiante para investir no futuro. E assim, como o peso de financiar a produção e a primeira confecção do CD caía basicamente sobre seus ombros, ele entrou em parafuso. Implorou e pediu dinheiro emprestado a todo o mundo que conhecia, esgotou seus cartões de crédito e trabalhou horas extras, dando aulas particulares, para conseguir o dinheiro que lhe permitiria fazer seu CD de estréia.

O dinheiro necessário para bancar a produção em estúdio era substancial. Afinal, seria necessário remunerar uma banda de músicos profissionais e o tempo reservado para o estúdio e a masterização. Além disso, claro, havia os honorários de Barry Fasman para serem pagos.

"Sempre me perguntei de onde vinha o dinheiro", disse Ron Wallace, da Aliança de Músicos Criativos. "E também me perguntava por que a academia o apoiaria e o que ganharia com isso, principalmente porque ela representava tantas outras pessoas. Por que investiriam dinheiro nele? Eu achava que talvez em algum lugar, em algum momento, devia haver um patrocínio maior envolvido."

Diferentemente de outros que se mudavam para Los Angeles sonhando com o sucesso na indústria do entretenimento e descobrindo que rejeição é o elemento que impera nesse meio, Brown não se deixava incomodar pela concorrência nem pela rejeição aparentemente constante.

Descobriu que possuía uma força que era extremamente rara entre outros jovens aspirantes a artistas. Em essência, Brown não entendia como outros que estavam numa situação semelhanre à sua podiam cair em depressão tão profunda e abandonar tudo apenas poucos meses depois de receberem inúmeras cartas de rejeição. Achava que estava por fora de alguma coisa, pois via em cada rejeição uma indicação sobre como tentar com mais afinco. De repente percebeu que a Phillips Exeter era a responsável.

"Exeter me vacinou contra o medo do fracasso", ele disse. "O mundo não parava quando um trabalho escrito para a aula de inglês voltava com a palavra *incinerar* estampada em vermelho no alto da página[6]."

Mas logo descobriu que sua ligação com a Phillips Exeter podia ser uma praga também.

"A maior parte do que a escola me ensinou não se mostrava relevante para a vida real", disse após um ano em Hollywood, detalhando os inúmeros passos errados e as tremendas besteiras que tinha feito. Para começar, no início ele usava paletó e gravata para se reunir com agentes e produtores. "Nem advogados usam paletó e gravata em Hollywood"[7], observou Dan, com malícia.

Às vezes, também, deixava escapar que estudara na Academia Phillips Exeter e na Faculdade de Amherst – erro crasso numa indústria cheia de milionários que cresceram sozinhos e tinham até abandonado o colégio. Na verdade, ele logo descobriu que sua formação poderia trazer mais desvantagens que benefícios. "Numa área que glorifica quem tem cabelos compridos, tatuagens e acorda bêbado na sarjeta, um bom domínio da língua inglesa não é exatamente um pré-requisito para o sucesso"[8], comentou.

Ele via, ainda, que tinha pouco em comum com seus colegas aspirantes a músicos: eles não só apresentavam em sua bagagem uma formação menos privilegiada, mas também estavam dispostos a fazer coisas que Brown – com seus valores ianques nativos e sua personalidade de bom moço – não estava. Isso incluía uma interminável socialização e paparicos que só podiam culminar em abuso de álcool e drogas. Ele chegou até a ver alguns de seus vizinhos de Hollywood se prostituírem ou oferecerem "favores sexuais" comuns no mundo da indústria musical – tudo para terem uma chance de ascensão.

Passar o dia na sala de aula parecia ressaltar essas diferenças. "Vejo que dar uma ótima aula é tão compensador quanto escrever uma ótima canção", ele disse. "Além disso, em meio a todo o espalhafato de Hollywood, as aulas têm um jeito mágico de manter você com o pé na realidade. Independentemente do que acontecer com a música, eu sempre vou lecionar. Tudo o que consegui na vida foi graças à minha educação[9]."

Bem, quase... Ele devia muito a Blythe também e sabia disso. Quando começou a produção de seu CD de estréia, os dois já tinham iniciado um romance, embora ninguém ainda percebesse a mudança na dinâmica de seu relacionamento, pois ambos preferiram esconder.

Devem ter feito isso muito bem. "Lembro-me de que ficamos surpresos quando descobrimos que estavam envolvidos emocionalmente", disse Zollo.

Essa resolução de Blythe e Dan de não revelarem aos outros seu relacionamento foi positiva, pelo menos no início. Por um lado, ela estava cuidando da carreira musical de Dan, e, como acontece ainda hoje, aquilo podia ser interpretado erroneamente como sendo o caso de uma mulher madura em posição de chefia exercendo controle sobre seu cliente mais jovem – um cenário que poderia levá-la à acusação de assédio sexual se algo desse errado.

Entretanto, provavelmente o impasse maior para os dois era o fato de ela ser 12 anos mais velha que Dan. Embora eles vivessem em Los Angeles, onde tudo é permitido, a idéia de uma mulher mais velha ter um relacionamento sério com um homem mais jovem poderia causar melindres no início da década de 1990.

"As pessoas sempre acham que tudo tem a ver com sexo", disse Susan Winter, co-autora do livro *Older Women, Younger Men* [Mulheres mais velhas, homens mais jovens]. "Essa mulher obviamente percebeu no íntimo desse homem seu potencial de criatividade e paixão e não pôde evitar que tudo aquilo se manifestasse. É como um diamante sob uma pilha de sujeira. Para mulheres como ela, homens mais velhos não apresentam nenhum desafio."

Blythe podia ter escolhido qualquer rapaz dentre os milhares que passavam pela porta da academia todos os anos. Mas escolheu Dan. Como Ron Wallace, da Aliança de Músicos Criativos, ela sem dúvida reconheceu o talento dele e impulsionou-o, oferecendo-lhe os recursos necessários para dar-lhe uma chance. Essencialmente, ela foi um catalisador para a criatividade de Dan e acreditou nele de forma tão intensa que estava disposta a sair de seu papel seguro na academia e arriscar-se à ira de seus colegas.

Ao mesmo tempo, Brown beneficiou-se muito do relacionamento. "Os homens precisam se sentir apreciados e ver seus sonhos realizados", disse Winter. "Imagine que a pessoa que vê o seu potencial maior e apóia sua visão também tem os meios de ajudar você a chegar lá. Isso é poderoso."

Além do amor pela música, Dan e Blythe logo descobriram que ambos tinham um interesse profundo pela história da arte, especificamente pela obra de Leonardo da Vinci. Quando Brown soube disso, contou a Blythe sobre a aula de história da arte a que havia assistido na Universidade de Sevilha e o que o professor dissera a respeito dos códigos secretos que aparecem em todas as suas pinturas e desenhos. Blythe assentiu. Ela conhecia a teoria, pois também tinha estudado, por conta própria, o artista e suas obras. Na verdade, em anos posteriores, Brown se referiria a ela como "uma fanática por Da Vinci".

E, embora nas entrevistas Brown se refira freqüentemente à sua agora esposa como uma historiadora de arte, parece que o interesse dela por todas as coisas ligadas a Da Vinci é apenas um passatempo, não uma vocação primária. Ela desenvolveu essa paixão por conta própria, estudando sozinha – não no mundo acadêmico. "Ouvi Dan dizer que Blythe é historiadora de arte, uma especialidade que ela deve ter adquirido depois de ter saído da academia, pois até então não era nada disso", disse Zollo.

De qualquer forma, a paixão dos dois por Da Vinci ajudou-os a se aproximarem um do outro, uma vez que um conhecimento profundo de história da arte não era algo fácil de encontrar entre os freqüentadores da indústria musical. Assim, Dan e Blythe começaram a passar algum tempo juntos fora da academia. Para ela, que passara anos e anos nas águas infestadas de tubarões da indústria musical de Hollywood, Brown era como um sopro de ar fresco. Em primeiro lugar, ele era simpático. Havia nele uma autenticidade com um toque de ingenuidade que rapidamente a atraiu.

Quando o CD *Dan Brown* foi lançado, Blythe fez de tudo para que Brown fosse notado. Preparou *releases* para a imprensa e marcou entrevistas de Dan com repórteres e editores, mas seu objetivo principal era chamar a atenção da indústria por meio de apresentações, artigos na imprensa especializada e um agente. Em uma de suas cartas à imprensa especializada, ela escreveu: "O álbum é um dos projetos independentes mais impressionantes que nós, da Academia Nacional de Compositores, já ouvimos. A julgar pelo álbum que ele compôs, pensamos que ele trará pilhas de dinheiro a alguém, no processo. Acreditamos que Dan Brown é um artista destinado a se tornar um grande talento. O lançamento original de seu álbum de estréia pode vir a se tornar um artigo de colecionador".

Bem... sim. Mas não pelos motivos que ela imaginava. De qualquer forma, como mostram suas canções, sua voz, música e aparência, Brown estava sendo moldado e promovido como um jovem cantor inteligente, mas sensível, que tinha, ele mesmo, um pouco da alma torturada. No verso da capa interna do CD há os famosos versos do poema de Robert Frost: "Dois caminhos se separavam numa floresta, e eu – eu segui o que era menos percorrido, e isso fez toda a diferença"*. A foto adjacente mostra Dan andando para longe da câmera num dia de neve.

Outra foto promocional mostra Dan usando óculos e um casaco exclusivo de almirante, enquanto se segura numa das extremidades de uma corrente ligada a uma cerca de madeira coberta de grafites. Ele se inclina para a direção oposta à cerca e olha, pensativo, para o chão.

Em quase todo o álbum, a voz e o estilo de Brown lembram os de Shaun Cassidy e Rex Smith – cantores pop muito apreciados por garotas adolescentes na década de 1970 –, com um toque ocasional de Barry Manilow. A instrumentação e os arranjos são exuberantes e tão profissionais quanto qualquer lançamento de *soft rock* no início da década de 1990.

Com elementos de *jazz* suave e ocasionais solos de saxofone que lembram Kenny G, a música do CD *Dan Brown* caberia muito bem no repertório de qualquer estação de rádio de música adulta contemporânea.

Em várias das canções, parece que Brown estava experimentando uma variedade de *personas* para que ele e sua equipe de produção vissem qual delas mais agradaria ao público. "If You Believe in Love" [Se você acredita no amor] é uma canção de desejo ardente, cheia de visões românticas:

---

* No original: "Two roads diverged in a wood, and I – I took the one less traveled by, and that has made all the difference". (N. do T.)

Vejo você na escuridão
Procurando a luz
Vagando pelo vazio
Destes dias que você chama de sua vida*.

Após declarar seu amor imortal, Brown continua:

Você tem que confiar em mim
Você tem que encontrar um caminho
Não fique sozinha
Não se tranque**.

Em contraste, "976 – LOVE" [976 – AMOR] parecia um grave erro, pois a imagem pacata e de intelectual apresentada nas fotos de Dan no CD não combinavam com estas letras:

Quando me sinto pequeno
É pra você que eu ligo
Sei que você entende
Levo você pra cama
Coloco o fone na cabeça
E você me faz sentir um homem***.

E depois estas:

---

* No original: "I see you in the darkness/ Searching for the light/ Wandering the emptiness/ Of these days you call your life". (N. do T.)

** No original: "You've got to trust me/ You've got to find a way/ Don't let yourself be lonely/ Don't lock yourself away". (N. do T.)

*** No original: "Now when I'm feeling small/ You're the one that I call/ I know you understand/ I take you to bed/ I push the phone to my head/ And you make me feel like a man". (N. do T.)

Estou perdendo a noção do tempo
Por um minuto de dois dólares
Posso torná-la minha*.

Prenunciando os temas de seus futuros livros, o álbum também está repleto de imagens religiosas. Trechos de "Real":

Apenas os seus passos
Em solo sagrado
Quebro esses votos que me prendem
Renuncio essa fé silenciosa**.

E de "Angel of Love" [Anjo do amor]:

Bem, o céu não é tudo o que
Pensei que fosse
Estou trocando minhas asas
Por uma amante
Então ela deixa o halo
Nos pés da minha cama...***

E, por mais que tentasse, parece que Brown não conseguia esconder sua bagagem educacional. Em "Sweet Pleasure of Pain" [Doce prazer da dor], a última música do álbum, alguns termos que ele usa parecem ter saído direto de um livro escolar sobre algum país estrangeiro sem nome. O primeiro verso é:

---

* No original: "I'm losing all track of time/ For a two-dollar minute/ I can make you mine". (N. do T.)

** Do original: "Just your footsteps/ On sacred ground/ I forsake these vows that bind me/ I renounce this silent faith". (N. do T.)

*** Do original: "Now heaven's not all that/ I thought it would be/ I'm trading my wings/ For a lover instead/ Then she lay her halo/ At the foot of my bed...". (N. do T.)

Quando a terra é um leito Kuhlstihl*.

E que tal esta:

Você se sente como a praia
Numa guerra do Camboja**.

Mas a canção mais fascinante no CD de estréia é, sem dúvida, a primeira, "Birth of a King" [Nascimento de um rei], pois tanto o título quanto as letras podem facilmente ser interpretados como um breve esboço para a história do Santo Graal que Brown usaria, com sucesso, em *O código Da Vinci*. Eis a primeira estrofe:

Ele está sozinho
Do lado de fora da janela de seu castelo
Ele viajou muito
De praias distantes
E do seu trono
Você o vê ajoelhar em silêncio
E colocar uma flor à sua porta
E em seu coração
Dez mil anjos cantando
Dizem a você que sua hora
Finalmente chegou***.

E o refrão:

---

* No original: "When the earth is a Kuhlstihl berth". (N. do T.)

** No original: "You're feeling like the shore/ In a Kampuchea war". (N. do T.)

*** Do original: "He stands alone/ Outside your castle window/ He's travelled far/ From distant shores/ And from your throne/ You watch him kneel in silence/ And lay a flower at your door/ And in your heart/ Ten thousand angels singing/ Tell you that your time/ Has finally come". (N. do T.)

Oh, oh, que as trombetas
E os coros cantem
Pelo nascimento de um...
Oh, que as bandeiras se agitem
Oh, não negue
Que você daria tudo...
Pelo nascimento de um rei*.

Na segunda estrofe de "Birth of a King" ecoam algumas das cenas de perseguição que Brown futuramente descreveria nos romances de Robert Langdon:

Você corre sozinho
Descendo por tortuosas escadas de mármore
Por incontáveis câmaras
Corredores infinitos
Essa pedra fria e dura
Sempre foi a sua fortaleza
Agora você se sente aprisionado
Entre essas paredes**.

No fim, o CD *Dan Brown* nem chegou perto de realizar os sonhos que Dan tinha, por uma única razão: ele não se sentia à vontade sob as luzes da fama. A razão disso pode estar em sua criação em New Hampshire, onde a mensagem transmitida por gerações de velhos ianques estóicos era que você não devia se gabar de seus atos.

---

* No original: "Oh, oh, let the trumpets/ And the choirs sing/ For the birth of a.../ Oh, let the banners all fly/ Oh, oh, don't deny/ That you'd give everything.../ For the birth of a king". (N. do T.)

** No original: "You race alone/ Down twisting marble stairways/ Through countless chambers/ Endless halls/ This cold hard stone/ Has always been your fortress/ Now you feel trapped/ Within these walls". (N. do T.)

"Ele poderia ter sido um Barry Manilow se quisesse", disse Ron Wallace. "Barry começou desajeitado, mas a essência e o talento musical estavam presentes, e ele precisou ser treinado pela indústria para se tornar o que era." Wallace lembra-se de que Brown dizia, em algumas de suas primeiras entrevistas, que não queria estar diante do público e cantar para as pessoas, mas gostava de criar música. O problema era que, como sua música era pop, ele *tinha* de ser um Barry Manilow para que suas composições fossem ouvidas.

"Acho que Dan não queria dançar na frente do público", disse Wallace. "Escrever canções era bom porque ele não precisava interpretá-las; mas ter que mostrar quem ele era – isso ele não queria. Ele tinha talento, mas não queria subir ao palco e dançar porque sabia que acabaria trançando as pernas. E ele me disse que não se sentia à vontade no palco."

Ele era mesmo um bom cantor? "Quando você está acostumado a receber um monte de fitas o dia todo com música que não é bem feita – às vezes com um sintetizador produzindo o som da bateria –, uma música que é bem elaborada e profissional se destaca", disse Wallace. "Dan era muito bom. Cantava bem, e a instrumentação era criativa. Tive que reconhecer que o homem fazia as coisas com seriedade."

Mas, tanto em 1993 – ano em que Brown estava trabalhando com música – quanto hoje em dia, é quase impossível alguém se tornar um cantor de sucesso ficando só no estúdio. O cantor tem que cantar em público. Wallace se lembrava de que, depois de seu CD de estréia, Brown ficou preocupado porque vendeu pouco. "Mas é assim mesmo, principalmente com um CD auto-intitulado inaugural", disse Wallace. "O único propósito dele é promover o artista, não é vender para o público geral. A maioria dos artistas não entende isso. Para vencer no mercado da música, você tem que se apresentar em público."

Brown concordava com a opinião de que sua imagem não respeitava as normas do negócio e da época. Era claro, porém, que ele se ressentia de ter sua imagem fiscalizada e moldada num gênero que podia facilmente cair numa prateleira categorizada nas lojas de discos.

"Será que eu tenho cara de alguém talhado para a MTV?", perguntava-se. "Acho que não. Meu ambiente é a sala de aula; o mundo não está preparado para um esquisitão pálido, quase calvo, balançando o traseiro na TV nacional – não é uma visão agradável[10]."

Sempre foi difícil promover-se do nível de aspirante ao de músico enviando fitas *demo* e tentando abrir espaço para a próxima obra entre os interessados do setor, onde os pesos pesados do negócio vão prestar atenção, pelo menos por alguns minutos. Quando Brown tentava fazer isso no início da década de 1990, ainda não existia internet em tão grande escala. Hoje, um artista independente que disponha de um site dinâmico e um pouco de criatividade tem o potencial para conquistar alguns adeptos, mas, mesmo assim, um cantor precisa se apresentar para subir de nível.

"Se você pega um CD, vai ouvir a música, não o artista", disse Ron Wallace. "Se já viu esse artista se apresentar e gostou dele, a experiência é muito diferente. E agora você compra o CD porque gosta do artista, não necessariamente porque ouviu e gostou da música. A venda de CDs será muito maior em uma noite de apresentação do que em um ano inteiro pagando dez mil dólares por um anúncio de revista."

Além de ouvir que precisaria se apresentar para crescer no ramo, Brown também se ressentia quando pessoas não tão instruídas ou inteligentes quanto ele vinham lhe dizer que sabiam o que era melhor para sua música e para sua carreira e como ele devia agir e se mostrar. Mas, segundo Wallace, no mundo dos negócios as coisas são assim mesmo.

"Se ele tivesse se dedicado inteiramente à atividade, logo teria se tornado um nome muito popular", acrescentou.

Mas, mesmo antes do lançamento de *Dan Brown*, Brown já pensava em largar Hollywood e voltar para New Hampshire. E ficou felicíssimo quando Blythe disse que iria com ele. Correram rumores de que ele tinha se apaixonado por alguém do ramo e os dois estavam planejando fugir juntos. Ao descrever sua atração por Blythe Newlon, mas sem revelar seu nome, Brown disse: "Ela é inteligente, engraçada, criativa, bonita e, o melhor de tudo, não me deixa fugir sem assumir as coisas[11]". E acrescentou que ela se dedicaria à pintura e à cozinha enquanto ele se ocuparia em escrever, gravar CDs e lecionar.

"Estamos planejando trocar a BMW e a Mercedes por duas bicicletas usadas e voltar à realidade", ele disse. "Mal posso esperar. Estou realmente pronto para uma mudança[12]."

Além de uma mudança de quase cinco mil quilômetros, ele estava planejando voltar à sua antiga paixão dos anos da faculdade: escrever. No entanto, ao mesmo tempo, ele ainda brincava com a idéia de gravar mais um álbum.

Como se tornaria um hábito em sua futura carreira de escritor, Brown já se empenhava em um novo projeto, antes mesmo de o antigo ser lançado. Ele não tinha garantia alguma, mas trabalhou no novo CD, pressupondo que seria produzido e lançado com sucesso. Referindo-se ao CD *Angels & Demons* [Anjos e demônios], que ele lançaria em 1995, a única coisa que tinha a dizer era: "Estou gravando um novo disco agora, um bocado de conflito interior, sabe, aquelas coisas de sempre[13]". Dan completaria o trabalho com o CD depois que ele e Blythe se mudassem para New Hampshire, e, na verdade, esse álbum revelaria sua decepção com o ramo musical.

Mas, enquanto ainda estavam na Califórnia, ele sabia que tinha de se adaptar ao estilo de Hollywood e parecer confiante em tudo. Afinal, apesar de se declarar um peixe fora d'água em Hollywood, ele tinha aprendido a língua de suas coortes, exagerando os fatos e permitindo-se, sempre que possível, tratá-los com excessiva liberdade, ou pelo menos manipulando-os com sua interpretação muito particular. Posteriormente, ele viria a descobrir que esse seu talento se transferia muito bem para o terreno da ficção, e, realmente, sua propensão para esticar os fatos sem distorcê-los daria combustível suficiente para seus críticos mais radicais.

Assim, em junho de 1993, de repente ele anunciou aos amigos e colegas que estava voltando para New Hampshire, e Blythe ia com ele. A surpresa foi maior quando ele deu a notícia de que tinha conseguido um contrato de publicação em Nova York e planejava mudar-se para o leste por um ou dois anos para poder escrever.

Numa típica atitude de Hollywood, ele deixou de mencionar que seu "contrato" era para um livrinho de humor intitulado *187 Men to Avoid*. Como acontecera com *SynthAnimals*, Brown considerava seu primeiro livro um modo de aprender acerca de uma nova atividade e talvez de colocar o pé na porta de um ramo que tinha bom potencial.

Antes de se mudarem para o leste, porém, Dan e Blythe decidiram curtir uma última viagem de férias. Na segunda semana de abril de 1993, o casal foi para o Taiti, onde passou uma semana. Escolheram a minúscula ilha de Moorea, com uma população de apenas oito mil habitantes na época. Brown enviou um cartão-postal a Ron Wallace para dizer que fez tal viagem para se inspirar para seu próximo álbum.

Durante a viagem à região polinésia, um evento aparentemente insignificante iluminaria o caminho que a vida de Brown seguiria.

"Passeando no Taiti, encontrei na praia um velho exemplar de *Juízo final*, livro de Sidney Sheldon", disse mais tarde. "Li a primeira página, depois a segunda e a seguinte. Várias horas depois, terminei o livro e pensei: 'Puxa, eu sei fazer isso'[14]."

E assim, numa tarde, a semente foi plantada, embora ainda fossem necessários mais alguns anos até ela germinar de modo significativo.

No período em que ficou longe de Exeter, Brown aprendeu muito a respeito da vida. Também descobriu algumas coisas – com o professor Lelchuk em Amherst e na aula de história da arte na Universidade de Sevilha – que lhe abriram os olhos.

Estava animado porque finalmente ia para casa. Sentia falta da Nova Inglaterra e nunca se acostumara a viver em Los Angeles.

E o melhor era que o amor de sua vida ia com ele. Paul Zollo sempre achou que os dois se completavam muito bem. "Dan era um sujeito muito afetuoso, amável", disse Zollo. "Era muito simpático comigo e me cumprimentava por meu trabalho. E Blythe... seu aspecto mais brilhante era o senso de humor. Ela gostava de rir, gostava de piadas e ria muito quando lhe contavam uma que achava engraçada."

Como Brown já tinha percebido, Blythe apoiava totalmente seus sonhos e prometera fazer de tudo para ajudar a realizá-los. Assim como fizera na academia, ela estava feliz por trabalhar nos bastidores e lhe dar apoio enquanto ele se dedicava a uma carreira criativa. "Sempre achei seu apoio a Dan e sua fé nele uma coisa rara e comovente", disse Zollo.

Quando o casal desceu do avião e foi para Exeter, Brown mal podia esperar para ver como era a cidade agora, através de seus novos olhos.

Capítulo 3

Planejando o futuro

De volta a seu solo nativo, com as pessoas e a cultura que ele conhecia e entendia, Brown sentia que podia respirar novamente.

Antes de deixar a Califórnia, ele já tinha arrumado um emprego de professor em sua *alma mater*, a Academia Phillips Exeter. Embora gostasse de lecionar na Escola Preparatória de Beverly Hills, sabia que se sentiria muito diferente na academia. Suas lembranças da Phillips Exeter eram afetuosas, tanto as da época de sua infância, em que ele vivia no *campus* com a família, quanto as dos dias em que estudou lá. Daria aula de inglês, incluindo literatura e redação, e mandaria seus alunos lerem clássicos como a *Ilíada* e *Ratos e homens*, além de Shakespeare e Dostoiévski. Para complementar a renda, também daria aulas de espanhol para a sétima série numa escola próxima, em Hampton Falls. Iria de bicicleta de uma escola para outra, com tempo bom ou ruim.

Como não precisaria usar nada muito mais requintado que um *blazer* de *tweed* ou uma jaqueta na sala de aula, Brown deu alguns de seus velhos ternos a seu colega Paul Zollo. Brown sabia que seu futuro ex-colega costumava usar paletós antiquados para ir trabalhar. "Eu me sentia estranho com aquilo, como se ele achasse que eu necessitava de caridade", disse Zollo, "mas, mesmo assim, aceitei". Brown vivia ouvindo brincadeiras em Hollywood a respeito de seu guarda-roupa; portanto, talvez achasse que, deixando seus ternos para trás, deixaria também sua antiga vida.

Brown estava aproveitando bem a venda de *187 Men to Avoid*. Quando ele e Blythe tiveram a idéia do livro, baseando-se nos ridículos personagens e nos métodos de namoro e encontros dos homens e mulheres em Los Angeles, eles imaginaram que, com as habilidades que Blythe desenvolvera trabalhando na Academia Nacional de Compositores, ela seria perfeitamente capaz de vender a idéia a uma editora.

Quando apresentaram o título completo – *187 Men to Avoid: A Survival Guide for the Romantically Frustrated Woman* – foi criado o pseudônimo Danielle Brown, uma vez que o conteúdo e o assunto do livro pareciam inevitavelmente determinar que o autor deveria ser uma mulher.

A editora Elizabeth Beier adquiriu o livro para a Berkley Books em Nova York, agora parte do Penguin Group, e marcou o lançamento para agosto de 1995. O livro continha algumas pérolas como: "Homens que afirmam que tomariam uma pílula anticoncepcional masculina, se existisse"; "Homens que possuem cães menores do que gatos"; e "Homens que têm dificuldade para decidir entre uma receita original e uma mais crocante". Mas talvez as dicas mais interessantes no livro sejam as apresentadas nos tópicos: "Homens que escrevem livros de auto-ajuda para mulheres"; e o último item: "Homens que lêem livros escritos para mulheres (como este)".

Afinal, o nome do detentor dos direitos autorais no livro é Dan Brown, e o próprio livro é uma obra de auto-ajuda para mulheres; o nome de Blythe não aparece em parte alguma. Dentro do livro, a pequena biografia do autor diz: "Danielle Brown mora na Nova Inglaterra: é professora, escreve livros e evita homens".

Como acontece com a maioria dos livros de humor que apresentam alguma peculiaridade, quando este saiu, a editora mandou algumas poucas centenas de *releases* para a imprensa, promovendo-o. Blythe e Dan se surpreenderam com o fato de os editores não se empenharem em divulgar mais o livro, mas aproveitaram a experiência. O livro vendeu alguns milhares de exemplares antes de se esgotar. Futuramente, Brown admitiria ter escrito um livro antes de *Fortaleza digital*, mas apenas se algum repórter mencionasse o assunto. Sobre *187 Men to Avoid*, ele só tinha a dizer: "Foi um livrinho bobo de humor cujo título permanecerá para sempre um segredo. O livro já se esgotou, e é bom que tenha se esgotado"[1].

Enquanto lecionava e escrevia o livro, em 1993, Brown continuava trabalhando no CD *Angels & Demons*. Depois do desempenho fraco de seu CD de estréia, ele sabia que teria de fazer tudo sozinho, e apreciava o projeto. Conheceu o trabalho artístico de inspiração gótica do artista John Langdon, que era especialista em criar ambigramas (palavras escritas graficamente que podem ser lidas indiferentemente de cima para baixo e de baixo para cima). Brown achava que uma capa nesse estilo de arte ficaria perfeita.

O CD *Angels & Demons* saiu em 1995 e continha uma canção que, segundo Brown, foi tocada nas Olimpíadas de 1996: "Peace in Our Time" [Paz em nossos dias]. Alguns críticos apontariam o fato de ela não ter sido incluída na coletânea oficial de músicas apresentadas nas Olimpíadas como prova de que Brown estica os fatos quando tem um propósito. Mas a verdade é que o CD não inclui todas as canções que foram interpretadas nas cerimônias de abertura e encerramento e nos inúmeros eventos durante as duas semanas dos Jogos Olímpicos.

De qualquer forma, o fato de Brown ter escolhido este título em particular – "Peace in Our Time" – é uma indicação inicial de seu interesse em misturar importantes questões e eventos históricos com preocupações da vida moderna. O título da canção se baseia numa citação do ex-primeiro-ministro britânico Neville Chamberlain, que disse ter garantido "a paz em nossos dias" após assinar, em 1938, o Pacto de Munique com o chanceler da Alemanha na época, Adolf Hitler. O pacto essencialmente permitiu a Hitler invadir a Tchecoslováquia, e a Segunda Guerra Mundial eclodiu cerca de um ano depois.

Embora *Dan Brown* e *Angels & Demons* tenham sido produzidos em um intervalo de apenas um ano, as diferenças entre os dois álbuns são notáveis. Elas assinalam como a quantia de dinheiro gasta em produção se torna evidente na qualidade do som e do conjunto geral.

Enquanto *Dan Brown* trazia o trabalho de alguns dos melhores músicos de estúdio de Los Angeles e continha um encarte de dez páginas com várias fotos, *Angels & Demons* veio com um encarte dobrável em três partes, sem trabalho de arte exceto o ambigrama de John Langdon na capa. Em vez de caríssimos e renomados músicos profissionais, Brown contou basicamente com seu sintetizador e com vários amigos que tocavam violino, bandolim e saxofone para acrescentar tons acústicos onde ele achasse necessário. Além disso, o CD *Dan Brown* contava com um time profissional de *backing vocals*, enquanto *Angels & Demons* só tinha uma *backing vocal*: Blythe. Em seu primeiro CD, Dan Brown aparecia como único compositor e letrista das canções, e partilhava os créditos da produção com Barry Fasman, mas fora este que levara o crédito total dos arranjos musicais. Em *Angels & Demons*, na seção de créditos, lê-se: "Escrito, arranjado e produzido por Dan Brown".

É quase hilário que, enquanto nas notas de agradecimento de seu CD de estréia ele citasse a Steinway Pianos, em *Angels & Demons* seu agradecimento se dirigia à Digidesign, empresa que produzia o ProTools, o mais avançado *software* de música sintetizada disponível na época, e à Macintosh Computers. Ele também agradecia ao "engenhoso John Langdon por tentar e alcançar o impossível". E a Blythe dirigiu o seguinte agradecimento: "Por ser minha incansável co-autora, co-produtora, segunda engenheira, significativa cara-metade e terapeuta".

Em *Angels & Demons*, sua voz não se destaca tanto quanto em *Dan Brown*. Ele parecia um cantor romântico no CD de estréia, e no segundo álbum a voz é mais aguda e suave. Parte disso, claro, se deve ao equipamento radicalmente inferior que ele teve de usar. Mas, em *Angels & Demons*, as letras são muito mais mordazes e pessimistas – e exploradoras da alma – do que nas canções de seu primeiro álbum. Elas também indicam claramente sua decepção com a experiência de ter feito o primeiro CD. Em "Here in These Fields" [Aqui nestes campos], composta no compasso "três quartos" de valsa, ele diz:

Eu voltei
Com as lições que aprendi
A três mil milhas daqui[*].

E na estrofe seguinte:

Desertos de diamantes
Também são desertos
Seja qual for a tentação
Não caio
Na promessa de ouro
Desta vez voltei para ficar[**].

Não dá para saber até que ponto sua experiência em Hollywood afetou sua fé religiosa, mas na canção "All I Believe" [Tudo em que acredito], parece que ele não crê muito mais na religião:

---

[*] No original: "I have returned/ With the lessons I've learned/ Three thousand miles away". (N. do. T.)

[**] No original: "Deserts of diamonds/ Are deserts the same/ Temptation be what it may/ I will not fold/ For the promise of gold/ This time I've come home to stay". (N. do T.)

Não há deus acima
Não há fogo embaixo
Não há verdade perfeita
Nem lugar para onde possamos ir*.

E em outra estrofe:

Não preciso de um pregador
Para me salvar
Dos demônios
Que enganam**.

Assim como em seu álbum anterior, ele usa as palavras *anjo* ou *demônio* e outros símbolos religiosos na maioria das músicas. Também refletindo seu esforço anterior, Brown revela sua formação elitista, ocasionalmente inserindo uma palavra que levaria a maioria das pessoas a consultar um dicionário. Em "Where Are the Heroes" [Onde estão os heróis], duas expressões desse tipo são "purloined hearts" [corações furtados] e "coffers leak" [os cofres vazam].

Talvez o mais revelador, porém, seja o fato de que, enquanto oito das dez músicas em *Dan Brown* podem ser consideradas canções de amor, em *Angels & Demons* não há nenhuma. "All I Believe" é a que mais se aproxima disso, apesar de seu fervor anti-religioso:

Toda noite
Apago a luz
E me ajoelho para rezar

---

* No original: "There's no god above/ There's no fire below/ There's no perfect truth/ No place we all go". (N. do T.)

** No original: "I don't need a preacher/ To save me/ From demons/ Who deceive". (N. do. T.)

Mas seu nome
É tudo o que consigo dizer[*].

Claro que a canção-título do CD é intrigante, pois ele usou o mesmo nome para seu segundo romance. Eis a primeira estrofe:

Anjos e demônios
Pronunciam meu nome
Cantam para mim à noite
Eu poderia jurar
Que suas vozes são iguais
Que eles lutam uma luta infindável
E eu nunca sei
O que o destino pode trazer
Quando anjos
E demônios cantam[**].

Seguindo o tema de "All I Believe", eis outro trecho da música "Angels & Demons" que mostra as dúvidas que ele tinha quanto à religião:

Duvido ou acredito
Devo dar ou devo tomar
Agradeço às estrelas
Maldigo meu destino
Nem mesmo sei

[*] No original: "Every night/ I turn out my light/ And I kneel down to pray/ But your name/ Is all I can say". (N. do T.)

[**] No original: "Angels and demons/ Speak my name/ They sing to me at night/ I could swear/ They sound the same/ They fight an endless fight/ And I never know/ What fate might bring/ When angels/ And demons sing". (N. do T.)

Se este meu coração
Ainda é meu*.

Na canção "Where Are the Heroes", as letras prenunciam os esforços superiores de Brown para criar um herói literário próprio, na forma de Robert Langdon:

Onde estão os heróis agora
Este reino se consome em fogo rapidamente
As muralhas do castelo jamais resistirão
Onde estão os heróis agora
Agora é com você e comigo**.

E este trecho:

E havia alguns
Que nos mostraram o caminho
Eles nos ensinaram a ter esperança
Eles nos deram a força
Sabiam o que era certo
E lutariam
Até o fim
Pela verdade e conseqüência***.

---

* No original: "Do I doubt or do I believe/ Should I give should I take/ Do I thank my stars/ Do I curse my fate/ I don't even know/ If this heart of mine/ Is still my own". (N. do T.)

** No original: "Where are the heroes now/ This kingdom's burning fast/ The castle walls will never last/ Where are the heroes now/ It's up to you and me somehow". (N. do T.)

*** No original: "And there were a few/ Who showed us the way/ They taught us to hope/ They gave us the strength/ They knew what was right/ And they would fight/ Right till the end/ For truth and consequence". (N. do T.)

O CD *Angels & Demons* seria o canto do cisne de Brown na indústria musical. Ele tinha dado tudo de si nesse trabalho, mas não estava disposto a ceder às convenções da indústria para ter sucesso. Chegara a hora de se desviar da música e concentrar sua energia criativa só em escrever. E, com a ajuda e o apoio de Blythe – que se casara com ele numa cerimônia perto de North Conway, New Hampshire, após os dois saírem da Califórnia –, Brown sentia que era capaz de qualquer coisa.

O ano de 1995 foi um momento decisivo na vida de Dan Brown. Seu primeiro livro, *187 Men to Avoid*, foi publicado, e seu último CD, *Angels & Demons*, lançado. O mais importante, porém, foi ele ter começado a escrever seu primeiro romance, que serviria como trampolim para lançá-lo a *O código Da Vinci*. A idéia que o levaria lá praticamente lhe caiu no colo.

Numa manhã de primavera de 1995, dois agentes do Serviço Secreto apareceram inesperadamente no *campus* da Phillips Exeter. Após exibirem suas credenciais, disseram ao diretor que queriam falar com um determinado aluno, alegando que ele era uma ameaça à segurança nacional. Claro que a notícia se espalhou como fogo pela escola, com estudantes e professores tentando descobrir o que o jovem tinha feito.

Na verdade, o jovem tinha conversado por e-mail na noite anterior com um amigo, usando um computador da escola e reclamando da situação política do país. Disse ao amigo que estava furioso com o presidente Clinton e queria matá-lo, e o Serviço Secreto resolveu entrar em contato com ele para ter certeza de que ele não falava a sério. O aluno disse que só estava brincando, e o assunto foi encerrado.

Quando Brown soube dos detalhes do incidente, ficou surpreso por descobrir que os Estados Unidos tinham a capacidade de monitorar as mensagens por e-mail de seus cidadãos, além de outras formas de comunicação eletrônica, como chamadas por telefone celular, por exemplo, e que estavam fazendo isso sem hesitar. Apesar de a agência ter tentado recrutar seu pai, Brown disse que foi só então que ele soube da existência da Agência Nacional de Segurança, uma organização governamental com poder de usar meios secretos para detectar tramas contra o governo antes que elas aconteçam.

"Minha primeira reação foi de revolta, como todo o mundo tem, do tipo: 'Ora, esses caras estão invadindo minha privacidade'"[2], ele disse.

"Não pude deixar de pensar no modo como o Serviço Secreto tinha isolado aquele e-mail entre os milhões de mensagens na internet", ele disse. "Quando descobri a verdade, sabia que teria de escrever sobre ela[3]."

Essa "verdade" se revelou como aquele programa conhecido como *sniffer* [farejador], um *software* que pode detectar palavras em e-mails e outros meios de comunicação eletrônica. Sozinhas, tais palavras podem parecer inofensivas, mas, quando aparecem na mesma frase, podem ser altamente perigosas. "Os supercomputadores da NSA varrem e-mails e outros tipos de comunicados procurando combinações perigosas de palavras como *matar* e *Clinton* na mesma frase"[4], ele explicou, justamente o motivo por que os agentes apareceram no *campus* para interrogar o estudante. Embora o tráfego de e-mails em 1995 fosse uma fração do que seria dez anos depois, e o programa farejador fosse rudimentar na época, Brown conseguiu apurar certos fatos a respeito de como a NSA localizou a origem do e-mail ofensivo na Phillips Exeter.

Ele deduziu que a agência tinha colocado um farejador no servidor que cuidava de todos os e-mails originários da escola. Claro que a maioria dos servidores de e-mail também processa mensagens que passam por outros servidores; por isso, é possível que o governo estivesse de olho em outra pessoa que estivesse deliberadamente mandando mensagens através do servidor da escola para evitar detecção.

De qualquer forma, o incidente marcou Brown, e ele ficou fascinado com as implicações, bem como com as possibilidades para a ficção. Começou a pesquisar profundamente a Agência Nacional de Segurança e descobriu que ela era a sede da maioria dos bisbilhoteiros eletrônicos nos Estados Unidos. Ele a descreveu nestes termos: "A agência funciona como um enorme aspirador de pó que suga dados de inteligência de toda a parte do globo e processa tudo a fim de encontrar material subversivo[5]." Ele admitiu que, quanto mais ia aprendendo sobre a agência, na época ainda pequena, e sobre as questões morais girando em torno da segurança nacional e da privacidade do cidadão, mais percebia que o tema daria um ótimo enredo para um romance. Foi então que começou a formar as idéias que resultariam em *Fortaleza digital*. O tema o atraía não só porque envolvia códigos sofisticados e criptografia, mas também porque a própria NSA era, em essência, uma sociedade secreta, contando com 25 mil funcionários. Talvez fosse a mais secreta de todas as que ele tinha encontrado até aquele momento de sua vida. Era suficientemente interessante para ele passar o pouco tempo livre de que dispunha entre seus dois empregos de professor pesquisando e escrevendo o que se tornaria seu primeiro romance.

Ele leu muitos livros sobre criptografia e sobre a tecnologia avançada usada na NSA. Logo percebeu que a parte mais difícil da pesquisa seria compreender o jargão técnico. Ele queria apresentar as informações de maneira simples, para que um leitor não-técnico pudesse compreender, sem perder a linha da trama.

Recorreu a grupos de Usenet, que eram essencialmente fóruns de discussão por computador sobre um assunto específico, onde entusiastas – por exemplo, de cães de raça, Cadillacs ou cítara – podiam fazer perguntas a um "quadro de avisos" on-line e receber respostas e *feedback* de outros entusiastas do mesmo assunto. Brown explicou que contava com grupos de Usenet para fazer perguntas pertinentes à sua pesquisa, e, em alguns casos, essas dúvidas iniciais acabariam criando boas amizades depois.

"A maior parte da criptografia não fazia o menor sentido para mim; era complexa demais", ele admitiu. "Então, comecei a postar perguntas em grupos específicos de criptografia na internet. Os criptógrafos começaram a sair da toca e responder às minhas perguntas[6]." Eles também o ajudaram a acessar muitos dados recentemente liberados através da Lei de Liberdade de Informação. Muitos de seus correspondentes, por acaso, eram ex-funcionários da NSA.

As perguntas de Brown e as respostas que recebia iam e vinham por meio de servidores anônimos para garantir a privacidade de cada indivíduo. Esses e-mails não eram criptografados por nenhum dos lados, pois e-mails criptografados costumavam ser automaticamente investigados pela NSA para análise. Deduzia-se corretamente que qualquer pessoa que soubesse o suficiente para criptografar e-mails naquela época, quando o tráfego era relativamente lento, sabia que o governo dos Estados Unidos estava observando. De qualquer modo, Brown sentia que suas fontes anônimas estavam lhe fornecendo os elementos básicos, "mas, quando você cruza o limiar daquilo que é considerado confidencial, nem sequer se faz piada a respeito"[7].

Depois de desenvolver a idéia de *Fortaleza digital*, ele começou a se levantar às quatro horas da manhã para trabalhar no romance antes de sair para dar aula na Phillips Exeter. A princípio, começou a escrever de manhã por necessidade, porque era seu único horário livre no dia. Mas logo Dan descobriu que escrever bem cedo tinha ótimas vantagens. "Se não estou na frente de minha mesa às quatro ou quatro e meia da manhã, a meu ver já perdi as melhores e mais criativas horas do dia"[8], ele disse.

"Algo maravilhoso acontece quando você adormece e sua mente está muito, muito criativa. Acordo pronto para escrever, cheio de idéias"[9], explica Dan. Além disso, ele mantém a fluência das idéias durante horas de trabalho lançando mão de alguns recursos incomuns. Uma ampulheta antiga sobre a mesa faz com que ele se lembre de fazer um intervalo. Quando os últimos grãos de areia caem na parte inferior, ele sabe que é hora de fazer algumas flexões e outros exercícios físicos que não deixam sua pressão arterial baixar demais. Também faz alguns exercícios rápidos para quebrar o bloqueio de escritor.

Um outro recurso que ele usa para escrever deve ser um equipamento remanescente de seus dias em Los Angeles: um par de botas de inversão (ou de gravidade) que parecem ter saído do filme de Richard Gere de 1980, *Gigolô americano*. Se as flexões e as abdominais não funcionam, ele sobe numa espécie de cavalete e fica pendurado de cabeça para baixo por cinco ou dez minutos.

"Na prática, é um modo de você se inverter e ficar dependurado como um morcego", explica. "Aumenta o fluxo sangüíneo na cabeça e, no meu caso, permite que eu veja o mundo sob uma perspectiva um pouco diferente. Com freqüência, acabo resolvendo problemas impossíveis enquanto estou de cabeça para baixo. Mas é um pouco estranho"[10], admite.

Com o tipo de trama intricada de *Fortaleza digital* e seus posteriores romances, é fácil sentir que Brown jamais teria sequer pensado em escrever uma obra de ficção enquanto vivia em Los Angeles. "Para escrever, você precisa de certa dose de introspecção, solidão e quietude", ele disse. "Não sei como alguém consegue escrever em Nova York[11]."

Além de escrever logo cedo, pela manhã, Brown também criou um hábito: antes de escrever uma única palavra do livro, planeja meticulosamente cada detalhe e cada virada da trama, o relacionamento de cada personagem com os outros e a linha pela qual a história vai seguir. Ele foi compreendendo que, quanto mais soubesse de antemão o rumo que a história tomaria, melhor seria. Detalhar de maneira específica a tensão de um capítulo para o outro era de grande valia quando chegava o momento de realmente escrever.

"As histórias são muito intricadas e cheias de ação", ele disse. "Têm muitas reviravoltas, códigos e surpresas. Não dá para escrever isso de supetão. São coisas que precisam ser muito bem planejadas[12]."

Ele sabia que alguns romancistas começavam cegamente com uma idéia ou imagem, escrevendo a partir delas para ver aonde iam parar. Em obras literárias em que o ritmo é mais lento e a tensão não faz parte da trama, Brown podia compreender esse método. Mas o tipo de história que ele queria escrever dependia de muito suspense, de manter o leitor tentando adivinhar o que aconteceria a seguir, e de jogar muitas e muitas surpresas – em outras palavras, um romance do tipo que você não consegue parar de ler. Na visão de Brown, essas coisas não aconteciam sozinhas; era preciso planejá-las.

Com *Fortaleza digital*, Brown também criou o hábito de passar tanto tempo pesquisando seus temas e personagens que acabou obtendo facilmente o triplo de informações necessárias para escrever a história. Com a ajuda do olho clínico de Blythe para o mercado editorial, o material usado no texto final foi apenas a ponta do *iceberg*. O que passou sem ser mencionado serviu para tornar os personagens mais profundos e a linha da história mais rica no fim.

Havia outro motivo para sua tendência de pesquisar cada vez mais. Ele nunca sabia que pequena pérola poderia descobrir em um livro, artigo de revista ou conversa com um especialista na qual basearia todo o enigma do romance – aquele fato obscuro ou chocante que acabaria dando sentido a todo o resto.

Dan Brown gosta de dizer que começava sua pesquisa para cada um de seus livros como cético e terminava como crente. Esse processo teve início com *Fortaleza digital*. Quando começou as pesquisas, ficou chocado com o nível de invasão de privacidade alcançado pela NSA todos os dias e disse isso a um ex-criptógrafo da agência, numa entrevista. O homem respondeu enviando-lhe um documento que mostrava como essa "invasão de privacidade" tinha impedido quase um ataque terrorista por dia, só no ano de 1994.

À medida que ia se aprofundando nessa pesquisa, Brown descobria que seu sistema de valores começava a mudar. "Toda nova tecnologia que chega ao mercado é uma faca de dois gumes", disse. "Os avanços médicos capazes de erradicar uma doença – a pesquisa genética, por exemplo –, se mal usados, podem provocar o fim da raça humana. A grande pergunta não é se a ciência pode ou não se expandir para satisfazer as necessidades do homem, mas sim se a filosofia do homem amadurecerá rápido o suficiente para compreendermos de fato nosso novo poder e a responsabilidade que vem com ele[13]."

Brown também descobriu uma distinção importante, que fica clara em *Fortaleza digital*: a NSA trabalha essencialmente para proteger os cidadãos norte-americanos, assim como um pai protege o filho. Quando ele recebeu a lista de ataques que a NSA frustrara graças à invasão de privacidade, admitiu que seria melhor não sabermos dos desastres que quase aconteceram. "É importante lembrar que o objetivo dos terroristas não é apenas matar pessoas, e sim criar terror", ele disse. "No caso de haver uma bomba em Nova York, a NSA é capaz de desarmá-la três segundos antes de ela explodir e fazê-la desaparecer, esperando que ninguém jamais fique sabendo dela. Mas, no momento em que você fica sabendo que uma bomba quase estourou, o susto é quase o mesmo, tenha ela explodido ou não. Nossa ignorância e nossa inocência são, portanto, uma questão de proteção"[14], ele concluiu, admitindo que isso não era necessariamente uma coisa ruim.

Apesar de o tema entusiasmá-lo e de ele aprender muita coisa sobre um tópico que lhe interessava sob dois aspectos – quebra de códigos e infiltração numa sociedade secreta –, Brown às vezes sentia que escrever e pesquisar eram uma tarefa árdua, principalmente durante os longos dias passados diante do computador desde as quatro horas da manhã.

"A parte mais difícil era acreditar na história inclusive nos momentos em que as coisas iam mal, e me forçar a permanecer de cinco a oito horas por dia num texto que eu não tinha certeza se daria certo", comentou. E havia sinais de que as palavras de Jack Heath – "Mais simples é melhor" – ainda não estavam fazendo efeito desde aquelas aulas de inglês. "No fim, eu fiz dar certo e fiquei feliz por ter persistido; mas calculo que tenha escrito mais de mil páginas para terminar com um romance de 350 páginas[15]."

Algo que talvez o ajudasse a prosseguir – e lhe desse uma leve distração durante as longas horas na frente de uma tela branca de computador – era a prática de dar aos personagens nomes baseados em alunos e professores atuais e do passado da Academia Phillips Exeter. Em alguns casos, ele usava os nomes reais; em outros, convertia-os em anagramas ou alterava-os de alguma forma.

Durante o período em que tomava emprestados os nomes de ex-colegas para seus personagens e começava a elaborar um livro, ele se afastava do trabalho de outros escritores. Ele diz que romancistas como Jeffrey Archer, Robert Ludlum e Sidney Sheldon influenciaram sua obra, mas prefere não ler nada deles – ou nenhum tipo de ficção – enquanto está escrevendo.

"Sei que devo citar todos os grandes escritores que me inspiraram, mas tenho vergonha de dizer que fico tão ocupado escrevendo que quase não tenho tempo para ler qualquer coisa além de não-ficção e livros de referência", diz Dan. "Nas férias, pego algum livro básico de suspense da seção de *best-sellers*. Nada glamoroso, eu sei, mas é a verdade[16]."

No entanto, há outro motivo para ele evitar a leitura de ficção popular. "Leio quase exclusivamente não-ficção, porque estou na maioria das vezes pesquisando para meu próximo livro, e não gosto de ler ficção quando estou escrevendo, porque costuma interferir no que estou fazendo", ele explica. "Quando leio um romance, não mais que dois ou três por ano, geralmente é um livro escapista e que está fazendo sucesso[17]."

Ele admite que o fato de ser professor de inglês e literatura o ajudou a preparar-se para se tornar um autor. "Suponho que falar sobre livros na sala de aula também me ajuda a analisar uma boa obra de ficção e a incorporar temas semelhantes em meus livros[18]."

Na primavera de 1996, após ter trabalhado em *Fortaleza digital* por cerca de um ano, ele e Blythe sentiam que o livro já estava bom o bastante para a apreciação de um agente. Depois de terminar, Dan Brown aprendeu duas coisas sobre o trabalho de escrever um romance.

A primeira era que ele não queria escrever outro livro sem ter antes um compromisso firme com um editor. E a segunda era que ele não queria dividir seu tempo entre a atividade de escrever e dois empregos. Depois de várias discussões acaloradas, Dan e Blythe decidiram que ele largaria seus empregos como professor para se dedicar à carreira de escritor em tempo integral. Ele saiu da Phillips Exeter em junho de 1996, embora ainda não tivesse vendido *Fortaleza digital* ou sequer convencido um agente literário a representá-lo.

Em 1993, Blythe tinha vendido *187 Men to Avoid* à Berkley Books, mas, quando chegou o momento de despertar o interesse de uma editora pelo primeiro romance de Dan, os dois perceberam que precisariam de alguém com mais experiência no mercado editorial, principalmente devido à pretensão de Dan de seguir a carreira de romancista. O mundo editorial tinha mudado um bocado nos três anos que se seguiram à venda de *187 Men to Avoid.* Muitos editores que antes aceitavam propostas e originais enviados diretamente de escritores desconhecidos tinham fechado as portas para esse tipo de oferta, conhecida como "pilha de lama". Ela tinha ficado incômoda demais para as editoras, além de consumir muito tempo do editor responsável. Em 1996 a maioria dos editores já tinha adotado a política de só aceitar recomendações de obras novas se viessem através de agentes literários.

Por isso, o casal começou a procurar um agente. Após receberem uma cópia dos originais, Olga e George Wieser, que tinham uma pequena agência literária chamada Wieser e Wieser, gostaram do que leram e aceitaram enviar o livro às editoras. George e Olga haviam fundado sua agência em 1975, e sua especialidade era aventura e ficção militar, lançando, entre outras, a carreira do romancista Dale Brown – sem parentesco com Dan Brown. O colega Jake Elwell tornou-se sócio da agência em 1998, e depois presidente, após a morte de George em 1999.

Parece que George Wieser tinha um jeito especial para detectar talentos logo de cara. Quando foi diretor de ficção na costa leste para a Paramount Pictures, comprou os direitos de filmagem de *O poderoso chefão*, de Mario Puzo, com base apenas num esboço e em alguns capítulos de amostra.

George vendeu *Fortaleza digital* a Thomas Dunne Books, da St. Martin's Press, três semanas depois de os originais terem sido enviados pela primeira vez; mas, infelizmente, foi o último livro que vendeu, pois logo depois descobriu que estava com câncer, que se tornou fatal. Dunne, então, passou o livro à editora Melissa Jacobs.

"Tive uma sorte excepcional. O primeiro editor que viu o livro, o comprou", disse Brown. "Parte do interesse estava relacionada com o fato de que temas como segurança na internet e questões de privacidade eram excepcionalmente comerciais na época, e também por *Fortaleza digital* ser uma obra de ficção com fortes vínculos com o mundo real[19]."

Ele e Blythe ficaram felicíssimos. Seus amigos expressaram preocupação quando ele anunciou que ia largar seus dois empregos de professor antes de ter vendido seu primeiro romance, e Dan e sua mulher viam a venda como uma confirmação de que haviam tomado a decisão certa.

Como conseqüência da venda do livro, Blythe queria experimentar a sensação de ser uma autora publicada. Ou, talvez, agora que a carreira de Dan como romancista estava decolando, ter o nome ligado a um livrinho diferente e bem-humorado poderia atrapalhar a meta dele, que era ganhar a vida escrevendo ficção. Além disso, trazer Danielle Brown de volta para outra publicação seria um tanto óbvio demais, uma vez que os direitos autorais daquele livro eram de um tal de Dan Brown, que o mundo inteiro agora veria.

Por isso, os dois decidiram que dessa vez Blythe serviria de autora de outro livro curto de humor, mais uma vez enfocando o lado não muito bom dos homens. Entretanto, *The Bald Book* era um pouco mais cortês que 187 *Men to Avoid*; de fato, o trabalho mais maduro dos Browns nessa categoria poderia ser considerado uma carta de amor a todos os homens carecas em qualquer lugar, com exemplos positivos como: "Sua área de superfície 'beijável' está aumentando"; "Chega de produtos caros para o cabelo"; e "Chega de lambidas".

O agente Jake Elwell, da Wieser and Wieser, vendeu *The Bald Book* a Paul Dinas, que o adquiriu para a Pinnacle Books. O livro foi publicado em 1° de junho de 1998, quatro meses depois do lançamento de *Fortaleza digital*.

A dedicatória dizia: "Para meu marido. Lembre-se das palavras imortais de François Maynard: 'Olhe sem medo para o fim das coisas. Olhe para o espelho com um olhar de satisfação'".

A biografia da autora dizia: "A artista Blythe Brown mora na Nova Inglaterra e passa os dias pintando, enquanto seu marido vai ficando alegremente careca".

Deixando de lado os dados sobre a autora e os direitos autorais, "Dan foi o autor desses livros [de humor]", disse Elwell. "Não tenho certeza sobre qual foi a contribuição de Blythe, além dos desenhos." A existência das obras iniciais de Brown é algo que poucas pessoas, dentro ou fora da indústria editorial, conhecem e que nunca foi divulgado antes. Na verdade nem Blythe nem Dan reconheceram a autoria de *The Bald Book* na divulgação de seus quatro romances na mídia.

Embora estivesse brincando com algumas idéias, Brown não queria passar para uma nova obra de ficção sem ter certeza do destino da primeira. Depois da venda de *Fortaleza digital*, porém, ele se sentiu seguro para acelerar. Começou a pesquisar para seu segundo livro, que ele sabia que se passaria particularmente na Europa. Sabia também que o enredo giraria em torno da arte, uma vez que seu interesse pelo assunto se reacendera depois de ele ter conhecido Blythe e se casado com ela. Embora parte de *Fortaleza digital* se passe em Sevilha, a cidade espanhola medieval serviu mais como pano de fundo do que como parte importante da história. Em sua segunda obra de ficção, Brown sabia que Roma, a cidade por ele escolhida, seria a estrela principal.

Ele continuava escrevendo às quatro da manhã, mas já tinha mudado seu escritório para fora de casa, alugando um pequeno apartamento na Water Street, a alguns quarteirões dali. O espaço de trabalho de Brown era deliberadamente pobre em tecnologia, sem telefone ou acesso a e-mails, um arranjo que o obrigava a se concentrar apenas no livro.

Dan passou o primeiro ano depois da venda de *Fortaleza digital* pesquisando para seu segundo romance, ao qual deu o título provisório de *Anjos e demônios*. Ele ainda não tinha esboçado toda a história nem o desenrolar da trama, mas sabia que o enredo envolveria o Vaticano. Logo descobriu que escrever em tempo integral era diferente de escrever entre um emprego e outro e gostou da oportunidade de mergulhar totalmente na pesquisa, em vez de espremê-la num dia já cheio.

Assim como antes, Brown recorreu à internet para fazer uma pesquisa preliminar e para tirar algumas dúvidas sobre determinados fatos que não compreendia. Novamente contou com grupos de Usenet para postar perguntas específicas.

Ele apresentava a mesma pergunta a numerosos grupos. Em cerca de metade das vezes, não recebia resposta alguma. Outras vezes, vinham apenas algumas explicações bem-educadas. Às vezes, porém, suas dúvidas provocavam uma inflamada guerra on-line.

Nesse período, ele e Blythe fizeram a primeira de várias viagens à Europa com o objetivo de pesquisar para seu livro em andamento. Como acontecera com *Fortaleza digital*, um incidente aparentemente banal instigou a idéia de *Anjos e demônios*.

Os dois estavam fazendo uma excursão pela cidade do Vaticano – na verdade, por baixo dela, num túnel conhecido como Il Passetto, que era uma passagem secreta subterrânea para ser usada pelo papa, caso o Vaticano fosse atacado. O guia da excursão mencionou por acaso que o pior inimigo do Vaticano em toda a história era um grupo conhecido como Illuminati e descreveu-o como sendo formado por cientistas que, no século XVII, ameaçavam uma retaliação contra o papa pela punição que o Vaticano impusera a Galileu, a Copérnico e a outros cientistas vitimados pela Igreja na época.

O guia acrescentou que algumas pessoas acreditavam que os Illuminati ainda existiam na atualidade – a despeito do fato de muitos estudiosos acharem que o grupo já estava extinto havia muito tempo – e que o culto deles tinha fortes influências nos círculos políticos em todo o mundo.

Toda essa explicação não deve ter levado mais do que trinta segundos, mas naquele momento Brown soube que seu próximo romance abordaria a teoria segundo a qual as observações casuais do guia eram verdadeiras.

Naquela mesma viagem, Brown teve o privilégio de poder participar de uma audiência com o papa João Paulo II, embora ele não dê muita importância à aparente grandeza de tal encontro. "O termo *audiência* pode ser mal interpretado", disse Brown. "Eu não me sentei e tomei chá com o homem[20]." Ele descreve a ocasião como uma "audiência semiprivada", na qual o papa ficou cerca de trinta minutos com um grupo de visitantes. No fim, ele rezou com os convidados e os abençoou. Brown achou estranho, no início, quando a Guarda Suíça revistou cada visitante que entrava na sala de audiência. Embora eles fossem capazes de encontrar qualquer tipo de arma, seu objetivo principal era verificar se alguém não levava escondida alguma garrafa de água.

"Fiquei sabendo depois que qualquer água presente na sala quando o papa dá a bênção se torna imediatamente água benta, e a Igreja não queria que nenhum de nós saísse do Vaticano vendendo água benta"[21], ele observou.

"A área de maior segurança que vimos foi a necrópole, e apenas 11 pessoas por dia têm permissão para entrar nela", acrescentou. "Foi uma ocasião realmente memorável e especial." Ele não teve acesso aos arquivos secretos do Vaticano. Na história, apenas três norte-americanos já puderam entrar lá: dois cardeais e um professor de estudos religiosos. "Pude entrar na biblioteca do Vaticano e ver os arquivos, mas não os arquivos secretos", Brown disse. Quando lhe perguntaram, após a publicação de *Anjos e demônios* e *O código Da Vinci*, se ele achava que teria acesso a esses arquivos no futuro, respondeu secamente: "As chances são mínimas"[22].

Após aprender a arte de construir e escrever um romance – que fosse realmente vendido a uma importante editora nova-iorquina –, Brown sentia que desenvolvera um bom faro para saber o que funcionava e o que não funcionava em termos de ficção comercial. Para começar, o local da trama era essencial. Na verdade, ele afirmaria depois que a escolha do cenário de cada romance por ele escrito era quase tão importante quanto selecionar o enredo e os personagens. Para seus livros, ele acreditava que o local talvez fosse o fator mais importante, pois determinaria o grau em que os segredos poderiam ser revelados e apresentaria uma oportunidade única de instruir o leitor acerca de um tópico do qual podia saber pouco.

"Se você está escrevendo uma história de amor, não a faça no meio de um estacionamento", ele disse, sugerindo que a história seja baseada num local interessante em si. Isso confirmado, acrescentou Brown, é imprescindível mostrar o ambiente sob a perspectiva de alguém que o conhece. "Se você narra uma história que se passa dentro de uma escola particular e não revela nenhuma informação confidencial sobre como é estudar ou dar aulas numa escola particular, essa narração vai ser chata"[23], conclui.

Quando terminou de escrever *Fortaleza digital*, percebeu que seu primeiro romance seria o único a apresentar os personagens Susan Fletcher e David Becker. Sabia que ia querer novos personagens, com mais flexibilidade. Embora não pensasse num personagem para usar em uma série, ele sabia que sua próxima obra de ficção envolveria algum tipo de relacionamento romântico, assim como ocorreu em *Fortaleza digital.*

"Sou mais romântico do que político", ele disse. "O relacionamento amoroso, principalmente quando os amantes estão separados por obstáculos insuperáveis, sempre me faz dar mais atenção aos personagens e, portanto, à ação[24]." Mais tarde acrescentaria: "Vivo tentando me lembrar de que os leitores lêem obras de ficção para saber o que acontece com os personagens, não necessariamente para fazer uma viagem turística por Paris ou por algum tomo histórico, religioso"[25].

Durante a pesquisa para *Fortaleza digital*, Brown entrou em contato com especialistas que estavam dispostos a responder às suas perguntas e esclarecer-lhe alguns pontos. Mas encontrar e escolher especialistas para auxiliá-lo em *Anjos e demônios* não foi fácil. Ele sabia que não adiantaria enviar um e-mail para alguém importante no Vaticano.

Assim, perguntou a um dos criptógrafos que o ajudara em seu primeiro livro se ele conhecia alguém que fosse bom em pesquisar dados secretos envolvendo o Vaticano. A fonte consultada recomendou Stan Planton, o bibliotecário-chefe da Universidade de Ohio, no *campus* de Chillicothe. Brown gostou da idéia, pois, quando dava aulas na Phillips Exeter, sempre que se sentia perdido contava com Jacquelyn Thomas, a bibliotecária da academia.

Assim, os dois começaram a se corresponder por e-mail. Esse contato entre eles continuou porque, embora Brown contasse com a ajuda de outros pesquisadores em suas futuras obras, Planton costumava responder mais rápido às suas solicitações de pesquisa. Além disso, Planton sugeria livros e textos que outros pesquisadores poderiam omitir.

"Sei onde procurar, sou bibliotecário", disse Planton. "Boa parte do que eu fazia era dizer simplesmente: 'Dan, você precisa consultar tal livro'. Raramente lhe dou um texto completo, apenas lhe digo onde procurar[26]."

O bibliotecário conta que as primeiras dúvidas de Brown giravam em torno de fatos e da história do Vaticano, como, por exemplo, se algum papa já tinha sido assassinado. Quando lhe perguntaram se achava incomum ajudar um completo estranho que escrevia um livro de ficção, morava em um estado distante e que ele nunca tinha conhecido pessoalmente, Planton disse que gostaria de servir de recurso para outras pessoas, mesmo que não fossem escritores. "A mensagem que quero passar é sobre o papel dos bibliotecários hoje em dia", disse. "Nós não ficamos só sentados na frente de pilhas de livros, pedindo silêncio. Se alguém nos procura com um bom projeto, nós ajudamos[27]."

Após um ano de sólidas pesquisas, Dan Brown completou a maior parte de seu trabalho preliminar. Ele tinha resolvido continuar com seu hábito de começar um livro apenas pesquisando, depois desenvolvendo e aperfeiçoando a linha geral da história e, por fim, escrevendo de fato o manuscrito. Embora ele adorasse estar na fase da pesquisa, estava fazendo exatamente o que dizia que não queria: trabalhar em outro livro sem o compromisso com um editor. Entretanto, com a publicação oficial de *Fortaleza digital* marcada para 18 meses a partir da venda à editora, e sem outras responsabilidades, ele e Blythe decidiram se dar ao luxo de não fazer outra coisa além de escrever. Pelo menos, ele podia agir como se fosse um romancista em tempo integral, embora não-remunerado.

Brown escrevera *Fortaleza digital* nos intervalos entre seus dois empregos; portanto, ele obviamente é o tipo de indivíduo mais concentrado e eficiente quando tem mais coisas para fazer. O lado negativo era que, ao abandonar seu emprego como professor para se dedicar totalmente à carreira de escritor, o tempo parecia se expandir, e ele sentia pela primeira vez a verdadeira provação do escritor.

No outono de 1997, ele estava ansioso pela publicação de *Fortaleza digital*, que seria dali a poucos meses. Estava também praticamente no último e menos apreciado estágio de trabalho em *Anjos e demônios*: o ato de escrever realmente. Após um promissor início, deu de cara com um muro de tijolos. Embora tivesse gostado de cada minuto dedicado à pesquisa, simplesmente não queria se sentar para escrever o romance.

"Não havia força de vontade suficiente – e eu geralmente tenho muita – para me fazer sentar na frente do computador", ele disse. "Eu arrumava qualquer desculpa para fazer outras coisas e cheguei até a fantasiar um emprego comum, de oito horas por dia, que me salvasse da vida de escritor[28]." Um dia, resolveu matar o tempo, indo de carro a Boston para a demonstração de um novo programa de computador, que era um *software* de reconhecimento de voz, por meio do qual o usuário fala em um pequeno microfone e o programa automaticamente converte as palavras orais em palavras escritas.

"Não sou do tipo que aposta muito em tecnologia", admitiu, o que é surpreendente, considerando todos os meses de pesquisa e redação investidos em *Fortaleza digital*. No entanto, Brown disse que, após testar o *software*, sua visão sobre os métodos de escrever e sua motivação mudaram completamente. "Agora, comunico minhas idéias de uma maneira muito diferente e, quando escrevo, fico muito mais relaxado", disse. "Posso andar pela sala enquanto escrevo e olhar para o nada enquanto crio diálogos. Escrever voltou a ser excitante[29]."

Superado seu bloqueio de escritor, Brown pôde continuar trabalhando em *Anjos e demônios* sem pestanejar. Com a publicação de seu segundo romance marcada para dali a alguns meses, ele voltou a recorrer aos grupos de Usenet on-line. Começou a se corresponder com outros autores que já haviam publicado suas obras para trocar idéias e conselhos, além de receber apoio moral. Ele queria saber o que eles sentiram quando tiveram sua primeira obra publicada, para ter uma idéia do que esperar quando saísse *Fortaleza digital*.

Geralmente a conversa se voltava para o que as editoras fazem para divulgar os livros publicados e, principalmente, para o que não fazem. Ele logo percebeu que teria de se encarregar da maior parte da divulgação de seu livro se quisesse transformá-lo num sucesso. Sobre esse assunto, mencionou um artigo no *The Wall Street Journal* a respeito de um romancista que, por estar muito descontente com a falta de marketing de sua editora, gastou 35 mil dólares do próprio bolso para divulgar o livro, valor muito maior do que o adiantamento que a editora lhe havia pago.

Mas ele também tinha uma idéia do dinheiro que poderia ganhar com o trabalho de escrever. Em uma mensagem postada num grupo da Usenet chamado alt.books.reviews, respondeu aos comentários de outro usuário acerca do livro *White Shark* [Tubarão branco], escrito por Peter Benchley – o mesmo autor de *Tubarão* –, apregoando sua ligação com o famoso romancista e também estudante da Phillips Exeter.

"Ele é um cara fantástico, muito modesto", escreveu Brown, "e disse uma coisa da qual acho que você vai gostar. Foi mais ou menos isto: 'Quando percebi que não sabia escrever, já estava ganhando dinheiro demais para parar!'"[30].

A decisão de Brown sobre mencionar essa citação específica se mostraria profética, pelo menos entre os críticos mais vorazes de *O código Da Vinci*. Mas ele viu claramente que era possível ganhar dinheiro – muito, aliás – se fosse capaz de elaborar uma fórmula precisa e uma linha de história.

Mesmo antes de se considerar de fato um romancista consagrado, Dan Brown começava a ver que a carreira de escritor em tempo integral envolvia mais do que apenas escrever uma boa história.

Ele não tinha idéia de que as coisas ficariam muito mais difíceis antes de melhorarem.

Capítulo 4

Um falso começo

Quando *Fortaleza digital* foi publicado, em fevereiro de 1998, Dan e Blythe comemoraram. Haviam se passado exatamente três anos desde que ele tivera a idéia de escrever o livro.

Blythe se encarregou da maior parte das tarefas de publicidade, desde escrever *releases* para a imprensa até agendar entrevistas para o marido em *talk shows* e jornais.

Foi nesse período que Brown sentiu pela primeira vez aquilo a que se pode chamar de lado esquizofrênico do trabalho como romancista. Ele estava no meio da história de *Anjos e demônios* quando de repente precisava conversar com repórteres e produtores para promover um livro que tinha terminado havia mais de um ano. Alguns romancistas lidam bem com essa dicotomia, enquanto outros acham difícil ir adiante e voltar, principalmente se o ambiente e/ou o tema dos livros forem radicalmente diferentes. De fato, alguns autores param de trabalhar num livro em andamento enquanto promovem uma obra recém-publicada.

Assim, Dan Brown se via discutindo sobre os métodos de os e-mails passarem de um servidor para outro e de o governo espionar seus cidadãos, enquanto estava, pelo menos mentalmente, analisando freneticamente os escultores da Renascença italiana e percorrendo as passagens secretas sob o Vaticano.

Agendar entrevistas para Brown em programas onde ele pudesse falar da NSA e da privacidade dos e-mails foi tarefa fácil para

Blythe. É difícil – senão impossível – promover na mídia a maioria dos romances usando apenas *releases* ou outros materiais publicitários. É muito mais fácil conseguir atenção da mídia para um livro de não-ficção, principalmente do tipo "como fazer..." ou outra temática prescritiva, pois o publicitário pode comercializar o título como se fosse a solução para um problema.

Fortaleza digital, porém, foi fácil para Blythe promover, pois o tema do livro era oportuno, e ela podia recomendar o marido ao público como uma fonte viva de conselhos sobre como as pessoas poderiam se proteger on-line. Afinal, em 1998, o e-mail ainda era uma tecnologia nova para muitas pessoas que não compreendiam seus aspectos técnicos ou que nem queriam saber. De qualquer forma, era uma novidade e deu certo. Os materiais publicitários desenvolvidos por Blythe enfocavam os aspectos assustadores que as pessoas não conheciam sobre o e-mail. "Quem está lendo suas mensagens?" e "Quem está observando você on-line?" eram duas questões que tornaram Dan popular entre os repórteres e produtores. Havia dias em que ele dava quatro entrevistas no rádio para falar de *Fortaleza digital*.

Dando entrevistas em programas de rádio e jornais, marcadas por Blythe, e autografando livros em quase todas as livrarias de New Hampshire (que recebe os livros como "não-retornáveis" ao editor, em venda por consignação no varejo), Dan aprendeu os macetes da promoção editorial. Ele e Blythe esperavam que, se conseguissem provar que eram capazes de vender livros só pelo livro em si, talvez da próxima vez a editora se empenhasse mais em cuidar da promoção.

Brown atirou para todo lado. Ele tinha aprendido, com a promoção de seus CDs, que a gente nunca sabe como alguém pode ajudar; por isso, preparou cartões-postais com uma imagem da capa do livro de um lado e comentários, análise e um número para fazer pedidos livres de impostos do outro. Além disso, criou uma frase chamativa para o livro: "O maior segredo do governo é que ele conhece todos os seus". Dan enviou os postais a todo o mundo que conhecia no ramo musical, bem como a seus colegas da Faculdade de Amherst e da Phillips Exeter.

Também impressa no cartão – com registro postal de 26 de fevereiro de 1998 – vinha a informação: "Primeira edição esgotada em todo o país em nove dias. Agora, já de volta em estoque". Embora esse dado pareça impressionante, a St. Martin's Press é uma editora muito consciente dos custos, principalmente em relação aos romancistas iniciantes. A primeira edição de *Fortaleza digital* não devia ter uma tiragem de mais de poucos milhares de exemplares. Mas, justiça seja feita, as vendas de outros romances iniciais talvez nunca compensem uma segunda edição, mesmo depois de um ou dois anos.

Um dos motivos de Brown ter conseguido vender tantos exemplares, além da enorme campanha publicitária elaborada e executada por Blythe, deve ter sido o fato de ele ser extremamente "muquirana" com a distribuição de exemplares gratuitos a amigos e familiares. Normalmente, as editoras não dão ao autor mais do que vinte exemplares gratuitos do livro, mas Brown sabia que o único modo de provar a St. Martin's que ele valia o preço da mercadoria era ajudar a vender os livros. O conhecido de Brown em Los Angeles, Ron Wallace, da Aliança de Músicos Criativos, lembra-se de ter ficado um tanto perplexo por ter de pagar o preço total por seu exemplar – 24,95 dólares mais 4 dólares pela remessa postal –, mas ao mesmo tempo entendia que, naquela altura do campeonato, cada livro contava para Dan.

Pouco depois da publicação de *Fortaleza digital*, Brown começou a receber correspondência de leitores que apontavam erros e omissões quanto a certos aspectos técnicos que ele descrevia na história, como aconteceria mais tarde com *O código Da Vinci*.

"De vez em quando, recebo uma carta irada de algum técnico dizendo que os aparelhos em *Fortaleza digital* nunca poderiam existir na vida real – mas todos eles existem –, e eu acabo enviando algum artigo ou fotografia confirmando minhas pesquisas[1]."

Mas Brett Trotter, que trabalha no departamento de engenharia de computadores da Universidade Estadual de Iowa, diz que, pelo menos no começo, Brown era bastante aberto para ouvir críticas dos leitores quanto a erros e omissões. Depois de ler *Fortaleza digital*, Trotter entrou no site criado por Brown para promover o livro e participou de um concurso que convidava os visitantes a decifrarem um enigma ligado ao tema do livro, Brown enviava um ex-líbris autografado aos que tinham decifrado o código. Trotter resolveu o enigma e, quando Brown pediu seu endereço para enviar-lhe o prêmio, respondeu agradecendo e mencionando alguns erros técnicos que tinha notado no livro. "Coisas muito pequenas, como oito dígitos numa placa de carro e certas improbabilidades", disse Trotter. Ele e Brown acabaram fazendo amizade por e-mail.

"Dan foi muito gentil e parecia interessado em me conhecer, possivelmente porque eu estava na escola na época e era muito esperto para a minha idade", ele disse. "Durante mais ou menos dois anos, conversamos, contamos detalhes de nossas vidas e falamos sobre seus livros. Meus e-mails iam diretamente para ele, e ele não demorava muito para responder." Como Brown passou a confiar nos critérios e comentários de Trotter, enviou-lhe, para revisão técnica, uma cópia do rascunho de *Anjos e demônios* e de *Ponto de impacto*. Como resultado, Brown agradece a Trotter nos dois livros, na página reservada aos agradecimentos.

Ele não enviou, porém, o manuscrito de *O código Da Vinci* para Trotter revisar, e, quando o autor estava imerso na pesquisa e no trabalho de escrever seu quarto romance, Trotter descobriu que Dan já não parecia disposto a manter o mesmo contato de antes. "Ele estava extremamente ocupado escrevendo o livro, e nós não tínhamos muito tempo para nos comunicar como antes", disse Trotter. "Um dia recebi uma resposta de alguém que trabalhava para ele dizendo que ele tinha viajado." Depois disso, Trotter desistiu de contatá-lo.

Não é de surpreender que os primeiros leitores de *Fortaleza digital* fossem entusiastas e malucos por tecnologia, considerando-se o conteúdo da história. Dois meses após a publicação do livro, Brown participou da reunião mensal na sede de New Hampshire da Sociedade Americana para Segurança Industrial (ASIS), e Blythe providenciou para que um repórter do maior jornal diário do estado, o *Union Leader*, assistisse à palestra de Dan. Embora já tivesse sido alertado por Brett Trotter e outros leitores sobre alguns erros encontrados no livro, aquele seria seu primeiro encontro face a face com leitores que eram especialistas na área sobre a qual ele tinha escrito. Assim como Trotter, eles haviam encontrado falhas em alguns dos "fatos" apresentados em *Fortaleza digital*.

Estava presente à reunião John Pignato, presidente da sede local da ASIS, cujo currículo inclui treinar agentes para a NSA e trabalhar como consultor de segurança para construções federais. Ele disse a Brown que tinha algumas reservas quanto a certos detalhes do livro e de antemão pediu desculpas por não oferecer sua opinião, explicando que não poderia falar de certas coisas por serem informações confidenciais.

Mas, por fim, acabou comentando um detalhe em que Brown tinha cometido um erro sobre questões legais, especificamente a respeito de processo legal e ao modo como as ordens judiciais são expedidas, dois pontos-chave para a trama de *Fortaleza digital*. Também outros cientistas presentes ao encontro falaram dos erros de Brown no livro. Mas se perderam no meio da discussão assim que um membro da platéia sugeriu que o autor devia estar sob observação da NSA porque fora tão visível na promoção do livro, uma vez que novas histórias em torno de Brown e *Fortaleza digital* tinham sido distribuídas pela *Associated Press* aos jornais de todo o país.

Brown não se mostrou surpreso com esse comentário. "Eu ficaria muito surpreso, a esta altura, se não estivesse sendo observado"[2], ele disse. Suas fontes anônimas da NSA já lhe haviam dito que, baseando-se no tema de seu livro, a agência federal vinha seguindo seus movimentos por algum tempo, e que o governo provavelmente grampeara seu telefone. Algumas semanas após sua palestra nesse encontro, Brown admitiu que a NSA já lhe tinha feito um "cordial" convite para visitar sua sede. Seus contatos anônimos lhe informaram que, ao estilo de Don Corleone [do filme *O poderoso chefão*], aquele não era o tipo de oferta que alguém podia recusar.

Ele também descobriu que ser um romancista consagrado pode expor tanto o autor quanto a obra a uma forma acirrada de crítica. Alguns leitores reclamavam que Dan Brown exagerara na caracterização dos principais personagens da história – Susan Fletcher, a bela criptógrafa a serviço da NSA, e David Becker, o professor bonitão da Universidade de Georgetown e especialista em línguas estrangeiras. Brown rebateu a crítica, comparando o romance àqueles dos quais gostava quando lia ficção, chamando *Fortaleza digital* de uma divertida história de escapismo. "Pessoalmente, gosto de ler sobre personagens que possuem talentos excepcionais", disse. "Nós vemos pessoas enfadonhas o dia inteiro; então, por que não ler sobre algumas interessantes[3]?"

Um dos motivos pelos quais o *feedback* de *Fortaleza digital* chegava com rapidez e ímpeto era que Brown tinha criado um site abrangente para promover o livro. Embora hoje os escritores, inclusive os menos conhecidos, sejam praticamente obrigados a ter um site para se promoverem, em 1998 eles discutiam muito sobre os méritos de ter um site. A tecnologia ainda era nova e não testada, e muitos a achavam desnecessária. Embora a maioria das residências americanas tivesse um computador pessoal, muitas pessoas ainda evitavam o uso da internet, ou porque não a compreendiam, ou porque achavam desprezível a quantidade de informações úteis que ela oferecia.

Como *Fortaleza digital* agradava especificamente a um público de leitores que o adotavam logo ou eram os primeiros a comprar novas parafernálias tecnológicas, criar um site com muitas informações e possibilidades de interação era um modo decisivo de obter a atenção dessas pessoas. No mínimo, distinguiu-se como uma raridade. O fato de o livro estar disponível também no formato de *e-book* contribuíu igualmente para o sucesso inicial do livro.

Ele e Blythe também promoveram *Fortaleza digital* através de grupos on-line de Usenet. Brown visitou diferentes grupos, provavelmente para fazer perguntas. Mas, às vezes, transparecia que ele queria anunciar o lançamento de *Fortaleza digital*. Naqueles dias remotos, a ética on-line ainda era muito discutida, e muitos novatos nos fóruns on-line achavam possível promover um novo produto – ou um romance – desde que enviassem a mensagem com alguns conselhos úteis ou fizessem uma pergunta relevante. Era muito fácil encontrar um oportunista ou um tipo diferente de *spammer* nesses casos, e Dan foi acusado de cometer fraude na Usenet, gerando muitas respostas iradas.

Esta foi uma das mensagens postadas por ele:

> Sou um autor da St. Martin's Press, e a primeira edição de meu primeiro romance, *Fortaleza digital*, esgotou-se em todo o país em apenas nove dias (antes da data oficial de publicação: 8 de fevereiro). Muita gente está me aconselhando a ficar com exemplares da primeira edição porque eles terão muito valor devido à rápida venda. Não sei nada a respeito de colecionar livros e gostaria que alguém me dissesse se isso é verdade. Muito obrigado, Dan Brown, autor de *Fortaleza digital*.

E esta foi uma das respostas:

> Se você quer fazer propaganda de seu livro, seja honesto. Afinal, que autor perguntaria se deve "ficar com exemplares" de sua própria obra? Você achou que ninguém ia notar que seu endereço de e-mail começa com publicity@...

As mensagens seguintes continham felicitações e sugestões sobre como colecionar livros. Brown postou duas vezes, nessa linha, e alguns de seus comentários são estranhamente proféticos.

O primeiro:

> Puxa! Desculpe-me se minha mensagem pareceu outra coisa; foi uma pergunta sincera. Um colecionador de livros de Framingham, Massachusetts, visitou nossa livraria local, comprou dez exemplares de meu livro e depois foi até a minha casa para que eu os autografasse. Achei que o sujeito era louco. Sou novo nesse negócio e estou tentando obter alguma informação de pessoas como você, que sabem dos macetes. (Pensei que os grupos assim eram para isso.) Quanto a meu endereço de publicidade, usei o computador de minha mulher. Sou um autor desconhecido e não tenho o luxo de contar com um *staff* publicitário. Desculpe-me se ofendi alguém.

E depois:

> Muito obrigado por sua bondosa resposta à minha dúvida. Sinto-me como se tivesse feito um curso rápido de coleção de livros! Agora tenho quatro exemplares da primeira edição guardadas, e vamos ver o que acontece. Na pior das hipóteses, posso usá-los na lareira. Quanto aos requisitos para valorizar um livro, como pessoalmente não coleciono nada, acho fascinante que uma série de eventos transforme objetos tão comuns em algo mais ou menos valioso com o tempo. Com certeza, sei que ninguém está comprando o livro por reconhecimento de meu nome!

Às vezes, a promoção on-line não dava certo. Alguns leitores a quem ele tinha enviado cópias de impresso [cópia que ainda não está em sua versão definitiva] comunicavam suas críticas. Um em particular cumprimentou Dan pelo modo como ele tecia o enredo, mas descreveu – em detalhes que devem ter irritado o autor – os erros técnicos que apareciam no livro.

De qualquer forma, Brown começava a acertar o passo e rapidamente descobriu que preferia o mercado editorial ao musical. O livro se sustentava sozinho, e ele não precisava se apresentar no palco nem mudar de personagem. Dar entrevistas não era problema, pois ele falava mais do livro, não de sua vida pessoal. Ele estava promovendo um produto, não a si mesmo, o que significava que a atenção da mídia se voltaria para o livro, e não para ele.

No inverno de 1998, entre promover *Fortaleza digital* e escrever *Anjos e demônios*, nem Dan nem Blythe tinham um minuto sequer para respirar. Mas logo acharam tempo, quando Gary Goldstein, um editor da Pocket Books/Simon & Schuster, lhes telefonou. Goldstein tinha lido *Fortaleza digital* e gostado, e perguntou a Brown o que ele pretendia fazer em seguida.

Brown enviou a Goldstein, com a ajuda de seu agente, Jake Elwell, o esboço de duzentas páginas que tinha desenvolvido para *Anjos e demônios*. Elwell negociou um acordo com dois livros para Brown: *Anjos e demônios* e um segundo romance, ainda sem título.

Os contratos foram assinados, um cheque de adiantamento foi enviado, e Brown continuou a trabalhar no manuscrito que se tornaria seu primeiro livro de suspense protagonizado por Robert Langdon, sem se esquecer das lições aprendidas após a publicação de *Fortaleza digital*. Começou a checar os "fatos" que aprendera on-line, lendo-os em sites ou através de e-mails em respostas às suas perguntas na Usenet, em vez de aceitá-los sem questionar. Aprendeu que não havia melhor fonte do que um livro – quanto mais obscuro e difícil de encontrar, melhor, em alguns casos – para lhe permitir encontrar informações magnificamente detalhadas que, de outra forma, seriam impossíveis de localizar.

Um exemplo que ele cita de informação encontrada em um livro pouco conhecido é a respeito dos rituais que os cardeais são obrigados a conduzir quando escolhem um novo papa. Claro que, na seqüência da morte do papa João Paulo II em 2005, milhões de pessoas no mundo todo ficaram sabendo das várias cerimônias do conclave, como a queima de cédulas após cada voto, a fumaça colorida que emana da chaminé e as refeições simples que são servidas aos cardeais reunidos durante a votação. Na verdade, repórteres não muito intrépidos usaram as descrições que tinham lido em *Anjos e demônios* como recurso primário para apresentar os detalhes e segredos envolvidos na eleição de um novo papa.

Brown encontrou muitos dos ricos detalhes do conclave no livro de um estudioso jesuíta que havia entrevistado mais de cem cardeais. "Foi uma coisa que obviamente eu nunca teria tido tempo nem os contatos certos para fazer"[4], ele disse.

Enquanto Brown se empenhava em seu segundo romance e gozava da atenção que a mídia vinha dando a *Fortaleza digital*, *The Bald Book* foi publicado em 1º de junho de 1998, "bem próximo ao Dia dos Pais", como explicavam os materiais promocionais da editora. Como no caso de *187 Men to Avoid*, o livro teve uma venda modesta antes de afundar como pedra. Embora Blythe e Dan tivessem aprendido um bocado sobre como promover um livro para a mídia e o público, o casal sentia que não precisava divulgar demais esse pequeno livro de humor, agora que os sonhos de Dan de se tornar um romancista pareciam estar se realizando.

Quando tudo finalmente caminhava para dar certo para Brown, uma bomba estourou. Gary Goldstein, o editor da Pocket Books, que tinha de bom grado oferecido a Brown o contrato, de repente saiu da empresa. Embora isso não fosse uma ocorrência incomum, poderia prejudicar qualquer livro que tivesse sido adquirido por seu principal promotor, ou seja, o próprio editor demissionário, que não estaria mais por perto. Para o editor que fica com o livro no limbo, esse é apenas mais um projeto para acrescentar a uma carga de trabalho já sufocante. A indústria editorial tem uma palavra para essa circunstância: o novo romance de Dan Brown naquela editora tinha se tornado "órfão".

Numa indústria em que os conglomerados internacionais exigem lucros cada vez maiores, e os acionistas exigem que as ações estejam sempre em alta, aqueles que são pegos na armadilha desse negócio antes generoso são geralmente os editores, responsáveis por decidir quais livros aparecerão nas prateleiras dali a um ou dois anos. Em muitos casos, um editor é avaliado apenas pelo desempenho de seu último livro e pode ser marginalizado ou até demitido se errar na escolha dos títulos. No mesmo contexto, se um editor sentir que alguns dos livros que ele próprio adquiriu vão fracassar, pode correr para outra editora antes que o sinal de alerta se torne óbvio demais. Em outras palavras, hoje em dia os departamentos editoriais de muitas editoras se tornaram, essencialmente, uma porta giratória que joga editores para fora de acordo com seu desempenho na escolha de novos recrutas; e muitos desses editores estão fugindo de seus próprios filhos literários em empresas anteriores.

E foi assim que, na metade do caminho de seu trabalho, Dan Brown e seu livro em andamento ficaram órfãos. Enquanto alguns escritores precisam de alguém segurando suas mãos e de gentis incentivos enquanto pelejam por cada palavra de seus manuscritos, na época Brown não era um deles. Ele contava, isso sim, com o olho de sua mulher para indicar incoerências e erros. Assim, enquanto se sentia aflito por ser um autor sem um editor apoiando a publicação de seu livro na editora – principalmente porque ainda estava aprendendo as minúcias e a política específica do mercado editorial –, Elwell lhe dizia para ficar tranqüilo e continuar trabalhando, e deixar a preocupação por conta dele.

Alguns meses depois, Jason Kaufman chegou à Pocket Books, e Brown ganhou um novo editor. Kaufman estava acostumado com a porta giratória do ramo editorial: nos dez anos que passara na indústria até aquele momento, ele tivera cinco empregos. Um mês após ter começado a trabalhar na Simon & Schuster, um superior lhe deu a responsabilidade de verificar os dois livros que Brown era obrigado a escrever para a editora, de acordo com o contrato assinado.

Continuando a trabalhar em *Anjos e demônios*, Brown se concentrou em colocar os códigos que tanto apreciava nos lugares certos da trama. Como os ambigramas eram uma característica proeminente no livro, ele pediu ao editor que incluísse um na capa. Felizmente Brown tinha em mãos, para entregar ao artista da capa, o ambigrama que John Langdon havia criado para o CD *Angels & Demons*, lançado em 1994. Brown também recomendara que John Langdon desenhasse os ambigramas que apareceriam dentro do livro, para criar um senso de continuidade.

Autores experientes – e mesmo aqueles que só têm um livro na manga, como Brown – logo compreendem que, uma vez entregue o manuscrito, suas responsabilidades com a fase de produção acabaram. Claro que eles precisam tirar as dúvidas de copidesque e verificar as provas tipográficas, mas normalmente só o departamento de arte e a equipe de vendas têm a palavra final quanto ao conteúdo e a arte da capa.

Os autores costumam passar sugestões através de um editor, mas, na maioria das vezes, essas recomendações não vão além da mesa desse editor, pois as equipes de arte e vendas pressupõem – corretamente, na maioria das vezes – que os escritores vivem num mundo de palavras e não têm a menor idéia do que leva um leitor, numa livraria, a pegar um livro de uma prateleira.

Mas *Anjos e demônios* era diferente, porque os ambigramas eram parte integrante da história. Para Brown e Kaufman, parecia óbvio que deveria haver um na capa. Por fim, o título em ambigrama só apareceu na primeira edição em capa dura, embora os do interior do livro permanecessem em todas as edições. Talvez o departamento de vendas sentisse que o título na capa seria muito difícil de ler se fosse reproduzido em livros no formato brochura, que são menores. Ou, talvez, no catálogo impresso de livros da editora, a capa ficasse pequena demais e totalmente ilegível.

De qualquer forma, nas reimpressões posteriores, o título em ambigrama foi substituído por um *layout* e um desenho mais simples. Entretanto, com o sucesso estrondoso de *O código Da Vinci* algum tempo depois, o nome de Dan Brown foi ocupando cada vez mais espaço na capa, chegando a ter o mesmo tamanho do título, tanto em *Anjos e demônios* quanto em seus outros dois romances. Esse é um sinal de que um autor se tornou nome de marca – ou, no jargão da indústria editorial, um autor "de franquia".

Mas Brown ainda não era uma franquia. Seu segundo livro foi publicado em abril de 2000, e ele achou que tinha suficiente experiência editorial para que *Anjos e demônios* e suas obras subseqüentes vendessem, cada uma, mais exemplares que o livro anterior. Ele achava que seus novos romances aumentariam sua exposição ao público, conquistariam um bom número de fãs e despertariam interesse pelos livros mais velhos.

Pelo menos, era assim que o trabalho de escrever ficção comercial deveria funcionar teoricamente. Logo ele descobriria o quanto estava errado.

Capítulo 5

Dias de incerteza

Embora Dan Brown tivesse uma nova editora para publicar seu segundo romance, os esforços publicitários para divulgar o novo livro eram praticamente os mesmos dos da St. Martin's Press para *Fortaleza digital* – ou seja, Blythe precisou mais uma vez acionar a máquina de publicidade. O enredo de *Anjos e demônios* não era tão oportuno quanto o de *Fortaleza digital*, mas Blythe e Dan foram à luta, como antes, encarregando-se do marketing e da promoção na mídia.

Em uma reviravolta inesperada quando *Anjos e demônios* foi publicado, não demorou até que se espalhasse a notícia de que as pessoas estavam usando o livro como uma espécie de guia turístico.

"Há um *cibercafé* em Roma, perto da famosa *Fonte dos quatro rios*, de Bernini, e parece que, dia sim dia não, alguns turistas param lá para me mandar e-mails", ele disse. "Eles me dizem: estou com seu livro num *cibercafé* e segui todas as estátuas, pinturas e construções; você está certo. Tudo é exatamente como você disse[1]."

Ele se divertia vendo as pessoas usarem seu romance – uma aventura fictícia através de Roma – como substituto para o guia turístico da editora Fodor's. Por isso, esse se tornou um dos ângulos usados por Blythe para promover o livro.

Falando com a mídia e com leitores a respeito de *Anjos e demônios*, Brown ficava pasmo quando o acusavam de ser anticatólico e ateu, entre outras coisas. Eles também o acusavam de favorecer a ciência sobre a religião, um ponto que ele sempre negou veementemente, já que tinha sido criado num ambiente onde os dois lados – personificados em seus pais – coexistiam em perfeita paz.

"Em muitos sentidos, vejo a ciência e a religião como a mesma coisa", ele disse. "Ambas são manifestações da tentativa do homem de entender o divino. A religião aborda as perguntas, enquanto a ciência aborda a busca por respostas. Ciência e religião parecem ser duas línguas diferentes tentando contar a mesma história, e, no entanto, a batalha entre elas é travada há séculos e continua até hoje[2]."

Brown era agora um escritor com dois romances publicados e um compromisso firme da Simon & Schuster de publicar pelo menos mais um. A cada novo texto que pesquisava, escrevia e pelo qual suava a camisa, ele se tornava mais hábil para tramar, planejar e escrever o caminho que uma história deveria seguir.

Como antes, viajou pelo estado de New Hampshire para comparecer a eventos de autógrafos para *Anjos e demônios*. Quando autores sem obras publicadas o procuravam pedindo dicas para encontrar um agente e uma editora – o que ocorria cada vez mais freqüentemente –, ele citava o conselho que tinha lido num livro intitulado *Como escrever um romance de sucesso*, do renomado agente literário Albert Zuckerman. Dan Brown lhes dizia que nada seria difícil se eles prestassem atenção à estrutura e ao conteúdo de seus romances, em primeiro lugar.

Claro que ele nunca saberia quantos desses aspirantes a romancistas seguiriam à risca seu conselho. Como as pessoas passaram a pedir seus conselhos com mais freqüência, ele resolveu especificá-los num artigo detalhado em seu site. Isso acabou sendo uma jogada de marketing muito astuta. No artigo, ele sugeria sabiamente que, para alguém ver de fato do que ele estava falando, seria necessário comprar um de seus livros – ou todos eles.

Suas "Sete dicas poderosas" – que ele agradece ao livro de Albert Zuckerman por ter-lhe ensinado – já não estão mais no site danbrown.com em sua forma original. Mas as linhas gerais dão uma idéia reveladora de como ele planeja e executa o fluxo de suas obras.

1. Cenário, cenário, cenário: exponha seus leitores a novos mundos.
2. Construção de cenas internas e externas: dê movimento às coisas.
3. Um único ponto dramático: construa sua fundação com um único tijolo.
4. Tensão usando os três C's: *cuco* – desenvolva sua ação sob a sombra de um relógio, como o cuco, por exemplo, cujo tique-taque não pára; *crisol* – constrinja seus personagens, aplicando o calor; e *contrato* – faça promessas ao leitor e cumpra-as.
5. Detalhes específicos: aprenda antes de ensinar. Pesquise, pesquise, pesquise.
6. Elaboração das informações: distribua a descrição em doses de bom tamanho.
7. Revisão: a parte mais divertida. Depois de escrever o primeiro rascunho, volte e brinque com ele.

Quando começou a escrever seu terceiro romance, *Ponto de impacto*, Brown mais uma vez recorreu à internet. Mas dessa vez tentou desenvolver um relacionamento com alguns especialistas com quem pudesse se corresponder regularmente.

Ele continuava se surpreendendo com o enorme volume de informações supostamente secretas e facilmente acessíveis a qualquer pessoa – on-line ou não – que começasse a explorar.

Como a história de *Ponto de impacto* girava em torno de eventos secretos acontecendo na Nasa e em outras agências governamentais, Brown sentiu-se à vontade para recorrer à Lei de Liberdade de Informação. "É um grande recurso, principalmente porque ela pode nos levar a pessoas específicas que conhecem determinadas áreas e às vezes estão dispostas a falar", disse. "Em muitos casos, claro, esses contatos preferem não ser identificados; mas às vezes, dependendo do que dizem, gostam de ser reconhecidos no livro[3]."

Como seus dois romances anteriores, *Ponto de impacto* abordava uma sociedade secreta: a Nasa. E ela, assim como o Vaticano – a organização apresentada em *Anjos e demônios* –, é uma das sociedades mais secretas do mundo e, ao mesmo tempo, uma das mais públicas.

"Para mim, escrever a respeito de material clandestino me mantém engajado no projeto", ele disse. "Como um romance pode levar até um ano para ser escrito, preciso estar sempre aprendendo enquanto escrevo, do contrário perco o interesse. Pesquisar e escrever sobre assuntos diferentes me ajudam a lembrar como é divertido 'espionar' mundos invisíveis e me motivam a tentar dar ao leitor a mesma experiência." Também como antes, uma vez professor, sempre professor. "Meu objetivo é sempre criar personagens e trama tão envolventes que os leitores não percebam o quanto estão aprendendo enquanto lêem"[4], ele disse.

Ao enviarem o original de *Ponto de impacto* a Kaufman, Brown e Blythe começaram a falar das possibilidades para o romance seguinte, o quarto. Era quase como se ele estivesse preso num *loop* incessante como o do filme *Feitiço do tempo*, pois, embora continuasse afirmando que nunca escreveria outro livro sem um firme compromisso com uma editora, estava trabalhando praticamente sem ligação com nenhuma, já que seu contrato com a Simon & Schuster para a publicação de dois livros havia sido cumprido com *Ponto de impacto*.

Ponto de impacto só seria publicado dali a um ano, e as primeiras cifras das vendas de *Anjos e demônios* não eram nada estelares. Brown aproveitou essa oportunidade para procurar um novo agente. Há muitos motivos para um autor na posição de Brown procurar novos representantes. Publicar um livro pode ser um jogo tão arriscado que, às vezes, um escritor acha que, se alterar apenas uma parte da equação – troca de editora, agente ou até estilo –, o livro seguinte terá uma venda consideravelmente melhor que a anterior. Claro que não há garantias, mas, ao pensar em mudanças, muitos escritores sentem que fazer alguma coisa, qualquer coisa, é melhor que manter tudo como está. Assim, Brown demitiu seu primeiro agente, Jake Elwell, e contratou Heide Lange, da Sanford J. Greenburger Associates, uma agência de médio porte em Nova York que representa autores de ficção ou não-ficção, tanto os comerciais como os não-comerciais. A agência foi fundada em 1932 por Greenburger e é conhecida por representar autores europeus como Umberto Eco, Vaclav Havel e os herdeiros de Franz Kafka.

Dan, Blythe e Heide sabiam que o próximo romance tinha de abalar as estruturas de todo o mundo, ou talvez ele tivesse de usar um pseudônimo, como faziam muitos romancistas cujos dois ou três romances publicados haviam obtido vendas medianas.

Antes de escolher o tema do livro seguinte, eles fizeram uma análise crítica de seus romances anteriores para examinar o que dera certo ou não, bem como para analisar as cifras das vendas de cada um, ambas medianas. *Anjos e demônios* tinha saído do topo da lista no departamento de vendas, e *Fortaleza digital* tinha obtido boa atenção da mídia, mas eles sabiam que parte do sucesso se devia ao fato de o tema ser quente naquele momento. Era impossível prever o sucesso de *Ponto de impacto*, quando fosse lançado. Mas, para Dan e Blythe, basear a história de outro livro no Ártico estava fora de questão.

Viajar era a paixão dos dois. O casal decidiu que os próximos livros seriam ambientados em locais de clima quente, para que pudessem pesquisar longe dos gélidos invernos de New Hampshire, ou em cidades com grandiosos museus e oportunidades artísticas – ou, na melhor das duas opções, ambas.

"*Ponto de impacto* se passava no Círculo Polar Ártico, e logo descobri que foi uma má idéia", Brown brinca. "Já *O código Da Vinci* se passa em Paris e Londres, e as três viagens à Europa eram dedutíveis do imposto de renda. A gente até fica "liso" guardando dinheiro para os impostos, mas foram viagens maravilhosas[5]."

Brown sabia que na história os personagens participariam de uma caça ao tesouro e passariam por situações tão difíceis que pareceria impossível escapar com vida.

De acordo com a análise do trio formado por Dan, Blythe e Heide, havia mais duas razões para a grande atenção da mídia por *Fortaleza digital*. A primeira era que a história apresentava um tema com o qual a maioria das pessoas se deparava na vida, mas não conhecia muito bem. A segunda era que o livro revelava um segredo que deixou o público chocado ao descobrir. Eles passaram, então, a discutir uma série de idéias para bolar uma história que pudesse incorporar esses dois fatores.

Estavam chegando perto. Brown examinou todas as informações que tinha deixado de fora de *Anjos e demônios* por falta de espaço ou pelo simples fato de não conseguir encontrar um lugar para elas. Afinal, ele havia acumulado tantos detalhes interessantes no decorrer da pesquisa para *Anjos e demônios* que não poderia mesmo espremer tudo num único livro. Isso era perfeitamente compreensível, uma vez que a Igreja católica tinha séculos de história, enquanto a história da Nasa e a da NSA não passavam de meras décadas.

Ele também considerou os aspectos de seus romances anteriores que mais tinham ofendido as pessoas, ou pelos menos aqueles que as tinham incitado a lhe escrever. O que poderia aproveitar dessa pesquisa que gerasse publicidade instantânea simplesmente porque ofendia um grupo específico de pessoas (quanto maior melhor)? Lembrou-se de que, após a publicação de *Anjos e demônios*, ouvira muitos comentários de pessoas magoadas por ele ter descrito o rosto da estátua de santa Teresa, feita por Bernini, como se ela estivesse em meio a um orgasmo.

Sexo misturado com religião, em qualquer forma, sempre foi um aposta segura para gerar controvérsias. Então ele resolveu que isso faria parte da fórmula. Foi nesse ponto que se lembrou da aula de história da arte a que assistira na Universidade de Sevilha, na qual o professor dissera aos alunos que o quadro da *Santa ceia*, de Leonardo da Vinci, estava cheio de segredos, particularmente acerca do relacionamento entre Jesus e Maria Madalena.

E foi aí que ele encontrou o gancho para um romance inteiro.

Enquanto a história começava a tomar forma em sua mente, a etapa seguinte seria definir os personagens principais. Será que ele deveria criar um novo protagonista ou usar algum que já tinha sido o astro em seus romances anteriores? Dan e Blythe gostavam mais de Robert Langdon. Dos três protagonistas masculinos em seus livros, Robert Langdon tinha o maior potencial para participar de várias histórias, uma vez que seu emprego e sua área de atuação podiam levá-lo a qualquer lugar do mundo. Além disso, Robert Langdon era quem mais se assemelhava à personalidade de Brown.

Na verdade, o próprio Brown admitiu isso. "Langdon é o homem que eu gostaria de ser", ele disse. "Langdon é muito mais legal que eu. Um dos luxos de ser escritor é que você pode viver aventuras através de seus personagens[6]."

"Langdon é um personagem que tem os mesmos interesses que eu", ele disse. "Sou fascinado por mistérios antigos, história da arte e códigos. Se você passa um ano, um ano e meio, escrevendo um livro, é melhor ter certeza de que seu herói se envolve com o tema com o qual você se anima tanto[7]."

Heide Lange concorda. "Acho que ele personifica Robert Langdon", ela disse. "Ele é tão inteligente quanto o personagem que criou. É envolvente e brincalhão. É um tipo mentalmente revigorante[8]."

Pesquisar e escrever um livro que trata de códigos secretos inseridos por Leonardo da Vinci em sua arte era algo que combinava naturalmente com Dan. Afinal, ele se identificava muito com o artista, o original homem da Renascença. Leonardo da Vinci (1452-1519) nasceu na Itália e envolveu-se ativamente com várias disciplinas, desde música, arte e anatomia a arquitetura e engenharia. Também foi um entusiástico inventor de novas tecnologias, muitas das quais só seriam realizadas séculos após sua morte. Ele adorava desmontar objetos para ver como funcionavam, e seu interesse acabou se estendendo, obviamente, para o corpo humano.

É fácil imaginar Brown descrevendo a si mesmo quando fala das motivações de Da Vinci ao bolar seus códigos e enigmas. "Muitas pessoas acham que ele fazia isso, em parte, para se divertir", ele disse. "Da Vinci gostava de 'aprontar' com os outros e adorava códigos[9]." "Era fascinado por segredos e bolava muitos meios de manter secretas as informações, retratando-as de uma forma que a maioria das pessoas, ao olhar uma pintura, não via[10]."

Talvez Brown estivesse se referindo a si mesmo com esta afirmação: "Da Vinci era tão habilidoso para fazer suas pinturas que, se planejasse colocar nelas alguma espécie de controvérsia andrógina, certamente teria as habilidades para evitá-la, se não a quisesse"[11].

E o mais intrigante, talvez, seja o fato de Brown sentir que os dois tinham a mesma posição quanto à religião. "É surpreendente, mas, apesar do longo conflito de Leonardo com a religião, ele era um homem profundamente espiritual", disse. "A meta de sua vida era criar uma fórmula para a vida eterna, e a Igreja considerava isso um desejo herético de tirar de Deus a palavra final. Penso que podemos presumir que Leonardo fracassou em sua busca por uma fórmula da vida eterna, mas era uma motivação interessante, sem dúvida[12]." Logo Brown receberia pessoalmente sua dose de reprovação eclesiástica, do mesmo tipo que às vezes era dirigido a Leonardo.

Após decidir que usaria Robert Langdon como protagonista e os segredos inseridos na arte de Leonardo da Vinci como a pedra angular de seu livro "vai-ou-racha", Brown começou a trabalhar. Na verdade, logo resolveu que Robert Langdon não estrelaria apenas seu próximo romance, mas também – se o livro fosse um sucesso – qualquer outro romance que ele escrevesse no futuro.

Por isso, decidiu esboçar e elaborar com bastante antecedência os enredos para os futuros livros da série em que apresentaria Langdon. Brown via essa previsão como uma desculpa para mergulhar em sua paixão por códigos e enigmas, e resolveu introduzir em seu quarto romance indícios sobre futuras histórias que seriam protagonizadas pelo simbologista. Isso não só satisfaria a necessidade de Brown de construir caças ao tesouro elaboradas e inteligentes, que seguiriam por voltas e mais voltas em suas próximas histórias, mas ajudaria a manter os leitores interessados nas futuras aventuras de Langdon, encorajando, ele esperava, grandes vendas – o que o tornaria mais valioso aos olhos de qualquer editora com a qual viesse a trabalhar.

Na verdade, Brown ficou tão apaixonado pela idéia de usar Robert Langdon como o astro do que logo (pelo menos em sua mente) se tornaria uma série, que passou a desenvolver enredos e esboços gerais para 12 futuros romances apresentando o criptógrafo, embora admita que "possivelmente não vou conseguir escrever todos"[13].

Embora algumas pessoas tenham achado que ele estava falando de alguma doença terminal que o impediria de escrever os 12 livros, é mais provável que ele simplesmente tenha compreendido melhor todo o processo de escrever um livro semelhante em estilo e conteúdo a *O código Da Vinci*. Se ele achava que poderia escrever um romance em dois anos ou menos, contando o período entre o início da pesquisa e a finalização do manuscrito, com certeza é capaz de escrever as 12 aventuras de Langdon.

Entretanto, supondo que ele esteja se empenhando em *The Solomon Key* desde que entregou os originais de *O código Da Vinci*, no início de 2002, então ele já passou mais de três anos trabalhando em seu quinto romance* – o primeiro dos 12 –, e o manuscrito completo está longe de ficar pronto. Calculando que ele pare algum tempo para promover cada romance – e às vezes tire férias –, se cada um consumir três anos e meio de sua vida, ele estaria com quase oitenta anos ao terminar de escrever a última aventura de Robert Langdon. E, de qualquer forma, ele pode resolver seguir uma direção totalmente diversa.

Com tudo encaixado em seu devido lugar, Brown começou a trabalhar no que restava de sua pesquisa para *Anjos e demônios* e a procurar novas fontes. Seu quarto romance seria a culminação de todo interesse e influência que ele tivera na vida: religião, códigos, arte e sociedades secretas. Ele tinha certeza de que seria um grande empreendimento.

Dan Brown sabia que, se não conseguisse pôr tudo aquilo em prática, estaria na hora de trocar de marcha, *de novo*. Ele não teria outra escolha senão dar tudo de si. Em comparação com o ramo musical, ele preferia escrever romances. Escrever livros era algo muito mais pessoal e consumia muito mais tempo, além de praticamente não ter interferência alguma das pessoas que julgavam saber o que era melhor para ele. Ele não precisava mudar sua essência para atender às demandas do mercado. E, além disso, podia contar com sua curiosidade intelectual sempre que possível. Afinal, o ramo editorial estava repleto de indivíduos cultos e inteligentes como ele, que queriam aprender algo novo a cada livro que escreviam.

Brown se sentia em casa. Começou a sonhar com o significado do sucesso. Já estava ficando familiarizado demais com o fracasso.

---

* Os cálculos têm como base a data em que a autora terminou seu livro, ou seja, no final de 2005. (N. do E.)

Capítulo 6

Última chance

Ponto de impacto, o terceiro romance de Brown, foi publicado em agosto de 2001, e as coisas não foram muito bem. Ele começou a ter dúvidas quanto à utilidade de continuar com a pesquisa para seu quarto romance, porque seu sonho de se tornar um romancista em tempo integral parecia obscurecer.

Como já tinham feito antes, Dan e Blythe trabalharam juntos para promover o livro, mas havia pouco em que se sustentar. Enquanto *Fortaleza digital* ganhou facilmente a atenção da mídia devido à atualidade das questões de segurança on-line, e *Anjos e demônios* poderia ser comercializado por seu apelo turístico, seria difícil encontrar um gancho viável para *Ponto de impacto*, uma história que envolvia uma geleira, a Nasa e um presidente com fome de poder.

De repente, os acontecimentos de 11 de setembro de 2001 fizeram tudo parar no meio do caminho. Promissores livros de ficção e não-ficção publicados naquele outono não chegaram a lugar algum – entre eles, *Ponto de impacto* –, e muitos detalhes do típico livro de suspense pareciam, de uma hora para outra, frívolos. Além disso, o tema da corrupção presidencial na terceira obra de ficção de Brown já não era viável num novo ambiente de patriotismo e bipartidarismo. A única informação que a maioria dos americanos queria ouvir era a maneira de distinguir o antraz de outras substâncias em pó brancas e qual o melhor meio de prender folhas de plástico transparente com fita adesiva em janelas.

Para Dan Brown, o 11 de setembro de 2001 começou como qualquer outro dia. Ele estava exilado em seu escritório quase sem tecnologia no centro de Exeter, arrastando-se em *O código Da Vinci*, quando, de maneira inesperada, Blythe entrou para lhe dar a notícia.

Sua primeira reação, baseada na pesquisa que tinha feito para *Fortaleza digital*, dizia tudo. "Eu soube, na mesma hora, que finalmente tinha acontecido", ele disse, referindo-se ao único ataque terrorista que conseguira passar sem ser detectado. Nos dois meses seguintes, ele não conseguiu trabalhar. "De repente, escrever ficção parecia totalmente irrelevante", explicou. "Com tanta coisa acontecendo no mundo, como você pode se dar ao luxo de manipular personagens fictícios em um cenário fictício? Como vai ajudar seu país, fazendo só isso?" Por fim, decidiu que, se prosseguisse seu trabalho em *O código Da Vinci*, estaria na verdade ajudando o país. "Eu estaria dando às pessoas um alívio da dor da realidade e um pouco de divertimento", ele disse. "Mas é difícil lembrar isso[1]."

Talvez fossem os eventos no mundo, ou o fato de *O código Da Vinci* ser o livro mais ambicioso de Brown até então, mas a verdade é que ele e Blythe começaram a trabalhar mais juntos do que tinham feito nos romances anteriores – *muito* mais juntos. O conhecimento de Blythe sobre o tema principal do livro – a arte de Leonardo da Vinci – tinha uma importância fundamental.

"Minha mulher é uma influência enorme", disse Brown. "Seu conhecimento e sua paixão pelo tema sem dúvida iluminam o processo, quando as coisas desmoronam." E, com a intricada trama e o enredo tenso de *O código Da Vinci*, Brown desmoronava mais do que queria. "Escrever um livro é muito difícil. Não desejaria isso nem para o meu pior inimigo"[2], ele disse.

"Há dias em que é bom ter alguém por perto – principalmente no caso de *O código Da Vinci* – que entenda de arte e de Da

Vinci, que tenha entusiasmo pelos temas e que possa dizer: 'Vamos dar uma volta e conversar sobre como entramos nesse negócio, sobre o que é interessante em Da Vinci e em que ele acreditava'", ele acrescentou. "Tenho muita sorte, nesse sentido[3]."

O tempo que Brown passou trabalhando em *O código Da Vinci* alterou mais coisas do que apenas seu relacionamento com a esposa. Sua visão sobre religião e espiritualidade começaram a mudar, à medida que ele mergulhava mais fundo na pesquisa. Não demorou até aparecerem rachaduras na fundação.

"Você não pode pesquisar esse tema explosivo e mergulhar nesse tipo de assunto sem alterar sua filosofia fundamental"[4], ele disse. "Comecei a pesquisa para *O código Da Vinci* como cético", explicou. "Esperava, no decorrer da pesquisa, desmascarar essa teoria. Depois de numerosas viagens à Europa e de cerca de dois anos de pesquisa, passei realmente a acreditar nela. E é importante lembrar que esse é um livro sobre uma teoria que existe há muito tempo[5]."

Os fatos que ele estava descobrindo não correspondiam aos que tinha aprendido quando criança, na escola e na igreja. "Perturbavam-me as diferenças, por isso perguntei a um amigo meu, historiador: 'Como os historiadores equilibram as versões opostas do mesmo evento?'. E ele respondeu de um jeito que achei brilhante. Disse-me que, quando lemos e interpretamos a história, não estamos interpretando os eventos históricos em si; estamos interpretando relatos escritos desses eventos. Em essência, estamos interpretando a interpretação dos outros[6]." "Muitos historiadores hoje acreditam que, quando apuramos a correção histórica de conceitos, devemos antes fazer uma pergunta mais profunda: 'Até que ponto a própria história é historicamente correta?'. Na maioria dos casos, nunca saberemos a resposta. Mas isso não deve nos impedir de fazer perguntas[7]."

Com esse conceito simples, uma lâmpada acendeu-se para Brown.

Ele começou a desconfiar que esse livro seria muito diferente dos outros três, apesar de apresentar o mesmo protagonista de *Anjos e demônios*. "Creio que, enquanto estava escrevendo, eu sabia que havia algo especial no trabalho"[8], disse. Fosse o tema polêmico, a oportunidade de explorar melhor o personagem Robert Langdon, ou o simples fato de Brown não ter nada a perder – e, por isso mesmo, poder mergulhar de alma na trama –, ele sentia que seu quarto romance seria único.

As palavras de Jack Heath – "Mais simples é melhor" – ecoavam-lhe nos ouvidos, mas Brown ainda não tinha dominado a arte de escrever de maneira mais concisa em seus primeiros rascunhos. Ele tinha que despejar tudo nas primeiras páginas e depois voltar e cortar até 90% do que havia escrito.

"Escrever uma história de suspense informativa, porém compacta, é um processo parecido com fazer doce de bordo", ele disso. "Você precisa tirar a seiva de centenas de árvores, ferver barris e mais barris de seiva crua, evaporar a água e deixar fervendo até destilar uma minúscula porção que concentra a essência[9]." "Eu usava à vontade a tecla 'delete', explicou. "Para cada página de *O código Da Vinci* que o leitor lê, há dez que acabaram na lata do lixo. O livro é, antes de mais nada, um suspense. E tentei usar aquelas informações que realmente serviam para a história e me ajudavam a desenvolver a trama[10]."

Mas seu quarto romance lhe apresentava um desafio ainda maior, não só pelo tema, mas também pela enorme quantidade de informações e fatos obscuros que ele queria colocar no texto. Dan Brown precisou pesquisar muitos aspectos diferentes de todos os dados que pretendia inserir na narrativa, e não apenas a história das obras de arte e o local de cada cena que apareceria no livro.

"Eu me esforcei muito para tornar acessíveis e excitantes todos esses tipos de informação arcana", ele disse. "Um simbologista, como o nome indica, é alguém que entende de símbolos. É um indivíduo capaz de, por exemplo, observar o olho que há dentro do triângulo no verso da nota de 1 dólar. Ele é capaz de saber de onde aquilo veio, seu significado histórico[11]."

Ele comenta que uma viagem que fez com Blythe à Europa foi particularmente especial. "Tivemos acesso a todas as áreas do Louvre que normalmente não teríamos", disse, acrescentando que havia seções do museu das quais ele nem tinha conhecimento. "Há laboratórios de restauração lá que parecem salas da Nasa, e uma instalação de segurança semelhante à do Fort Knox[12]."

Brown calculou que a visita do casal às seções não-públicas do Louvre exigiu meses de planejamento e contatos. Mas, mesmo no período pré-Código Da Vinci, Dan soube mexer os pauzinhos e obter acesso a áreas e arquivos secretos. "Depois de escrever três livros sobre sociedades secretas, fiz muitos amigos nesses círculos secretos", ele disse, acrescentando que vivia se surpreendendo com o fato de as pessoas ficarem tão ávidas para falar com ele sobre um assunto que adoram. "A maioria das pessoas é doida para me contar o que sabe. E sempre fui muito grato por isso"[13], ele diz.

"Muita gente me diz que a internet deve ser realmente útil, mas na verdade não é, porque a maior parte do que se vê nela está incorreta e é tolice", ele disse. "É muito difícil peneirar a quantidade de coisas estranhas para encontrar as informações verdadeiras na internet. É bem mais fácil ir a Paris e procurar algumas pessoas no Louvre que saibam muito sobre Da Vinci e conversar com elas, ou ler livros de historiadores de renome." Brown acrescentou que continuava a fazer a maior parte da pesquisa por meio da leitura de livros. "Eu recebia muitas solicitações para que disponibilizasse minha bibliografia, então coloquei-a em meu site[14]." Mais uma vez ele recorreu aos préstimos de Stan Planton, o bibliotecário da Universidade de Ohio, que tinha se mostrado tão prestativo e útil em desenterrar fatos obscuros para seu segundo e terceiro livros.

Desde o começo, Brown via *O código Da Vinci* como um meio de ensinar ao leitor as complexidades e a história do Priorado de Sião e do Opus Dei e uma maneira de apresentar às pessoas os códigos secretos na arte de Leonardo da Vinci. Assim, enquanto usava sua própria e extensa biblioteca de livros sobre religião e história da arte e contava com a ajuda de um grupo de pesquisadores especializados nas facetas esotéricas desses temas, ele sabia que Planton podia ajudá-lo de um modo que ninguém mais poderia. Como antes, o bibliotecário conduziu a pesquisa para o romancista sem cobrar nada.

"Refletindo sobre isso, talvez não fosse algo que fizesse minha carreira prosperar, mas eu estava ajudando um autor desconhecido que tinha o que eu considerava um grande potencial", explicou Planton. "A idéia de uma relação contratual nem me passou pela cabeça[15]."

Quanto à questão de incluir a teoria de que Jesus e Maria Madalena eram marido e mulher, novamente Brown começou com ceticismo. No fim, porém, mudou de idéia. Embora talvez estivesse hesitante em explorar o assunto, logo percebeu que, diante da condição da religião e da espiritualidade na América hoje em dia, os leitores poderiam ser mais receptivos à teoria do que ele tinha imaginado. "Eu realmente sentia que as pessoas estavam prontas para essa história", disse Brown. "Era o tipo de coisa que elas estavam preparadas para ouvir[16]."

No fim, "*O código Da Vinci* descreve a história da maneira como passei a compreendê-la depois de tantos anos de viagem, pesquisa, leitura, entrevistas e exploração"[17], ele disse.

Desde o início, Blythe serviu de inspiração para *O código Da Vinci*. Para começar, Dan dedicou o livro a ela. "Minha mulher, Blythe, foi uma ajuda enorme na pesquisa para esse livro, e possivelmente, apenas possivelmente, isso tenha algo a ver com o tema recorrente da deusa e do feminino sagrado." E acrescenta: "Ela é extremamente fanática por Da Vinci e acabou me deixando muito interessado no tema. Passei a acreditar nisso à medida que passávamos mais tempo na Europa, naqueles museus. Além disso, ela é uma ótima editora".

Entretanto, apesar do enredo amarrado e bem-formatado, e da intrigante e controvertida temática, no fim de 2001 havia o risco de *O código Da Vinci* jamais ver a luz do dia. As cifras das vendas de *Ponto de impacto* estavam baixíssimas. O único consolo do casal era que eles não estavam sozinhos: os ataques terroristas de 2001 e as mudanças estruturais no comércio varejista de livros tinham derrubado a indústria editorial, jogando-a numa debilitante depressão econômica – o que atingia particularmente os livros de suspense.

As vendas diminuíram de modo geral, e os números medianos referentes à venda dos três romances anteriores de Brown não eram um bom augúrio para o livro ao qual ele agora se entregava de corpo e alma.

Na maior parte da história da indústria editorial moderna, editores e editoras sempre souberam que os leitores precisavam de tempo para descobrir uma série de livros que apresentavam um protagonista contínuo. O leitor geralmente começava lendo a obra mais recente de um autor e, se gostasse, com o tempo acabaria comprando os volumes anteriores, às vezes tornando a lista de estoque da editora – aqueles títulos publicados no mínimo um ano antes – mais lucrativa que o livro lançado recentemente.

Pelo menos era assim que as coisas funcionavam, nos dias em que a maioria dos editores era independente e podia se dar ao luxo de permitir que um autor desconhecido investisse numa seqüência de cinco ou mais livros. Em alguns casos, isso podia levar dez anos ou mais. No início da década de 1990, as corporações internacionais viam dinheiro e prestígio nas empresas publicadoras de livros – principalmente se pudessem, para facilitar a promoção, associá-las a outros veículos de mídia que pertenciam às próprias corporações – e, por isso, começaram a recrutar esses editores independentes, aos montes.

E eles precisavam gerar lucros. Enquanto o interesse das antigas editoras era produzir boa literatura, a primeira preocupação dos conglomerados era financeira. Se um livro de sucesso era mais literário ou mais comercial não importava. O que importava era gerar lucro e agradar os acionistas. Em alguns casos, um editor podia até pagar a um autor o saldo de um adiantamento para vários livros futuros e nunca chegar a publicá-los. Para um autor com um histórico de vendas semelhante ao dos três primeiros livros de Dan Brown, esse seria o meio mais rápido para um editor compensar as perdas.

"Ainda bem que não estou começando agora", disse o autor veterano Dean Koontz, cujos livros vendem aproximadamente 17 milhões de exemplares por ano. "Quando comecei, um autor podia esperar anos até se firmar. No passado, as livrarias compravam com base na esperança. Hoje, se um escritor publica um livro que tem uma determinada venda, espera-se que o segundo livro mostre um aumento significativo. Ele pode ter uma terceira chance e se tornar um anátema. As editoras querem sucesso rápido e cada vez maior. Elas não estão interessadas em formar escritores, e essa é a tragédia da indústria editorial hoje em dia. Sei de muitos escritores que precisaram de muitos livros até se firmarem[18]."

Pior ainda, a publicação dos três primeiros romances de Dan Brown coincidiram com o fenomenal crescimento e a aceitação pública do comércio eletrônico, que incluiu a venda de livros usados tanto em sebos quanto em subsidiárias das grandes redes de livrarias. Um exemplar de um livro podia ser vendido várias vezes em seu tempo de vida útil, mas a única vez que sua venda geraria dinheiro para a editora – e *royalties* para o autor – seria na primeira venda original, como livro novo.

E as más notícias não paravam por aí. O editor de Brown na Simon & Schuster estava novamente procurando emprego. Embora Jason Kaufman tivesse se tornado o editor de Brown por falta de outro, ele havia negociado tanto *Anjos e demônios* quanto *Ponto de impacto*, e o autor e o editor tinham desenvolvido um conveniente relacionamento profissional.

Felizmente, Kaufman tinha uma boa impressão de Dan Brown e de seu novo livro, e decidiu que só aceitaria um novo emprego numa editoria se Brown fosse com ele.

Quando Kaufman foi entrevistado na Doubleday, e o presidente Stephen Rubin soube de suas condições para ser contratado, hesitou. Mas, apesar da forte influência que os conglomerados têm sobre os editores, alguns deles ainda possuem bom instinto e estão dispostos a se arriscar com autores que ainda não desmamaram. Nesse caso, ajudava o fato de Brown ter um esboço de duzentas páginas de seu quarto romance, pronto para ser submetido à análise.

"A primeira coisa que Jason fez quando chegou aqui foi dizer: 'Quero trazer um escritor chamado Dan Brown'. E perguntamos: 'Quem é Dan Brown?'. Ele tinha uma proposta para um novo livro, que era *O código Da Vinci*"[19], explicou Stephen Rubin.

Rubin leu a proposta e gostou do que viu. Em seguida, leu *Anjos e demônios* para ter uma idéia de como Brown apresentava o primeiro livro protagonizado por Robert Langdon e como o autor era capaz de incorporar fatos arcanos em um enredo de ação. Outros editores leram o livro e, assim como Rubin, gostaram. A Doubleday fez uma oferta.

Kaufman aceitou o emprego, Brown assinou um contrato para dois livros, negociado por Heide Lange no valor de quatrocentos mil dólares, e a Doubleday tinha, então, um novo autor e um novo editor. Olhando em retrospectiva, foi um passo de coragem para Kaufman. "Mas eu pensei: 'Se um cara como Dan não desse certo, quem daria?'[20]."

A verdade é que a entrada de Jason Kaufman na Doubleday foi provavelmente a melhor coisa que poderia acontecer, àquela altura, na carreira de Dan Brown. Se ele tivesse continuado na Simon & Schuster – caso a editora lhe houvesse oferecido um novo contrato, o que não era certeza, por causa das fracas vendas dos dois romances do autor publicados por ela –, *O código Da Vinci* teria tido um mau começo. O departamento de publicidade teria imprimido e distribuído cerca de 250 exemplares para prova, e a primeira impressão teria sido de cinco a dez mil exemplares. Dan e Blythe teriam feito seu costumeiro show publicitário, e o livro teria seguido o caminho de seus romances anteriores.

Diante do desempenho de Brown na Pocket Books, principalmente agora que não tinha mais um editor disposto a defendê-lo nos outros departamentos, a editora provavelmente ficou muito feliz em deixar Kaufman levar consigo Dan Brown ao mudar de emprego.

Com Jason Kaufman oficialmente na Doubleday, Brown podia voltar a atenção totalmente para a pesquisa e a escrita de *O código Da Vinci*. Além disso, ele se empenhou mais do que antes para continuar com o padrão utilizado em seus romances anteriores e para inserir os códigos no texto.

Como já tinha uma dúzia de esboços para futuros romances apresentando Robert Langdon, Brown resolveu introduzir alguns indícios de fatos que seriam apresentados em seus futuros livros. Entretanto, diferente dos três primeiros livros em que os códigos e enigmas eram praticamente desconhecidos para a maioria dos leitores, que ficavam absortos na leitura de um romance de ação e enredo bem amarrado, em *O código Da Vinci* ele mudaria de marcha e faria deles, deliberadamente, parte da história. Se os leitores decifrassem o código antes que um dos personagens o descobrisse, tudo bem. Só que ele também providenciaria para que cada código fosse decifrado e explicado no texto antes de prosseguir com o próximo.

Finalmente, parecia que a sorte de Dan Brown estava mudando para melhor. Ele tinha uma nova editora, um novo livro negociado e um contrato que lhe pagava um adiantamento que praticamente obrigava a editora a investir muito dinheiro e se esforçar ao máximo para promover seu novo romance.

Ele finalmente estava decolando.

Capítulo 7

Mudando o destino

No final de 2002, *O código Da Vinci* ainda demoraria alguns meses para ser publicado, mas os motores já vinham esquentando havia algum tempo. Pela primeira vez, a surpresa de Dan e Blythe era agradável.

"Alguns meses antes do lançamento do livro, comecei a ter notícias de livreiros que haviam lido cópias de impresso", ele disse. "Eles estavam tão incrivelmente entusiasmados que comecei a desconfiar que o livro venderia bem[1]."

Talvez por causa do tamanho do adiantamento da Doubleday e do alvoroço que estava se formando em torno do livro por parte dos livreiros, o departamento de arte rompeu com a tradição e deu ouvidos às sugestões de Brown para a capa, contracapa e orelhas de seu quarto romance. Brown tinha sugerido a inserção de códigos e pistas sobre a história na capa para fazer do livro inteiro um pacote total. Embora a *Santa ceia* de Da Vinci seja o destaque da história, uma reprodução da *Mona Lisa* foi escolhida para aparecer na capa, provavelmente por ser muito mais conhecida que a *Santa ceia*.

Brown também deu idéias a respeito da arte que apareceu na primeira orelha da sobrecapa. A Doubleday esperava que os códigos, apesar de passarem despercebidos pelos leitores, ajudassem a despertar a curiosidade deles. "Tínhamos de encontrar um jeito de ganhar velocidade já no primeiro dia"[2], disse Rubin.

No fim de 2002, a Doubleday imprimiu dez mil cópias de impresso para distribuir às livrarias, críticos literários e outros profissionais do ramo. Só essa quantidade já era maior que o número de exemplares das primeiras impressões de qualquer um dos três primeiros romances de Brown.

Com essas cópias em circulação, a resposta e o *feedback* dos primeiros leitores foram imediatos e positivos. Baseando-se nas encomendas que as livrarias estavam fazendo do livro, a Doubleday marcou a primeira impressão de 230 mil exemplares de *O código Da Vinci* para publicação em 18 de março de 2003.

Outro bom sinal para o sucesso do livro foi o fato de Brown começar a dar entrevistas bem antes da data da publicação, de modo que os repórteres e editores podiam ter a matéria pronta no dia do lançamento. E, pela primeira vez, o departamento publicitário da editora assumia total responsabilidade pelas entrevistas na mídia e pelos contatos, o que significava que Blythe podia descansar.

No dia anterior ao lançamento oficial do quarto romance de Brown, livros e mais livros encaixotados aguardavam nos depósitos, prontos para serem abertos e ocuparem as prateleiras das livrarias no dia seguinte.

E então os planetas se alinharam.

As seções de livros nos jornais operam num ritmo diferente daquele que é típico dos setores da mídia que visam livrarias e outros ramos da indústria e costumam imprimir suas resenhas meses antes da publicação de um livro para facilitar os pedidos dos livreiros. A menos que seja um autor de grande nome ou de prestígio local, as seções de livros nos jornais e revistas geralmente só mencionam um livro um ou dois meses após sua chegada às livrarias. Uma vez que o tempo médio nas prateleiras para a maioria dos livros é noventa dias ou menos, antes de eles serem devolvidos à distribuidora, esses atrasos nas análises das colunas literárias já fizeram muitos autores – ficcionistas e não-ficcionistas – reclamarem da falta de venda e visibilidade de seus títulos nas livrarias.

No dia de St. Patrick, em 2003, um dia antes da publicação oficial de *O código Da Vinci*, o *The New York Times* quebrou todas as regras, publicando a entusiasmada análise do livro feita pela crítica literária Janet Maslin. Seus comentários incluem estes elogios:

> A palavra é "Uau!".
> Nessa deliciosa aventura erudita de suspense, Brown lapida até a perfeição o formato que vinha usando em seus três romances anteriores.
> A ação do livro é de tirar o fôlego, e o autor parece gostar muito de suas próprias maquinações.
> Praticamente todo capítulo termina com um gancho: o que não é fácil, se considerarmos a quantidade de conversas informais que existem.

Provavelmente uma das coisas mais importantes que Maslin fez em sua crítica foi comparar o quarto romance de Brown aos livros da série Harry Potter, de J. K. Rowling. Embora Brown tenha admitido que até então não havia lido nenhum dos livros da série, disse que ficou perplexo com o comentário de Maslin. "As pessoas me ligavam e perguntavam: 'Janet Maslin é sua mãe? Pois ela nunca diz coisas assim'" [3], ele comentou.

Talvez tenha sido o professor em Brown que estabeleceu a ligação com Harry Potter, pois posteriormente ele comentaria que as crianças reagiam ao seu livro de maneira bastante satisfatória – e com resultados surpreendentes. "As crianças reagiam mesmo – principalmente a *O código Da Vinci* e *Anjos e demônios*", ele disse. "É como uma espécie de Harry Potter mais maduro; acho que é isso que muitas crianças estão sentindo. O livro tem alguns dos elementos de mistério antigo que as pessoas gostam de encontrar em Harry Potter[4]."

"Estávamos enlouquecidos no primeiro dia", disse o presidente da Doubleday, Stephen Rubin. "Tivemos uma enorme campanha publicitária, uma emocionante resenha na capa da seção de artes do *Times* e uma distribuição direta para livrarias de todo o país. As lojas tinha pedido quantidades tão grandes de livros que sabiam que não poderiam depender só da editora, por isso se encarregaram de boa parte do trabalho. Eu nunca vi uma equipe de vendas e uma comunidade de livreiros se apoderarem de um livro como fizeram com *O código Da Vinci*[5]."

Todos tinham grandes esperanças de que o livro desse certo, acreditando que talvez ele pudesse ficar na lista dos mais vendidos do *The New York Times* por umas duas semanas, mas ninguém esperava o estrondoso sucesso e o enorme interesse do público por tudo ligado a Dan Brown. Isso aos poucos ganharia movimento até virar uma bola de neve.

"Sempre soubemos que tínhamos algo excepcional, mas acho que nenhum de nós sabia quão extraordinário era"[6], disse Rubin. "É um livro de suspense para pessoas que não gostam de suspense. É tremendamente envolvente como experiência de leitura, e ao mesmo tempo você aprende algo"[7], disse Rubin.

No primeiro dia, *O código Da Vinci* vendeu seis mil exemplares, número que saltou para quase 24 mil até o final da primeira semana. Na semana seguinte, as primeiras edições das listas dos mais vendidos da *Publishers Weekly*, do *The Wall Street Journal* e da Barnes & Noble apresentando o primeiro dia de *O código Da Vinci* lotavam as lojas. Dan Brown estava a 4 800 quilômetros de casa, no meio de uma viagem para promover o livro, dando uma entrevista após outra, quando ouviu a notícia de que *O código Da Vinci* estava nas listas dos *best-sellers*.

"Ele ouviu a notícia quando estava em Seattle", disse Blythe. "Não tinha nenhum amigo ou membro da família com ele. Estava simplesmente andando pelas ruas de Seattle."

O livro chegou ao topo da lista dos mais vendidos na categoria ficção em capa dura do *The New York Times* alguns dias depois.

Por fim, após arrastar seu sonho por oito longos anos, ele tinha chegado lá. Se havia uma coisa que ele aprendera ao fazer publicidade para seus três primeiros romances, era como conversar com repórteres. Ele sabia o que eles queriam. Ao mesmo tempo que expunha intrigantes trechos e citações, ele tomava muito cuidado para não revelar finais e conclusões surpreendentes na história.

Ele sem dúvida se mostrou surpreso com a imediata popularidade do livro e tentava explicá-la por diversos pontos de vista: "Eu adoraria dizer que tem a ver com o texto e com a narrativa ou que é gostoso de ler, mas acho que o verdadeiro motivo é mais ligado ao tema". "O livro incorpora a arte de Leonardo da Vinci, da qual todo o mundo gosta, além de apresentar códigos e, principalmente, segredos – antigos segredos históricos que nos interessam a todos[8]." "Mas o livro faz você considerar a história e até a sua espiritualidade pessoal sob novos prismas. Faz você olhar para as coisas que julgava entender e, de repente, vê-las de modo diferente[9]."

Com *O código Da Vinci*, Dan Brown ascendera de um significativo investimento para a Doubleday a um dos carros-chefe da editora, pelo menos até aquele momento. Com a reputação e o valor de seu cliente crescendo literalmente da noite para o dia, sua agente não hesitou em maximizar seu valor ante o editor. Lange tinha vendido *O código Da Vinci* como o primeiro livro de um contrato para dois, por um adiantamento de quatrocentos mil dólares. Quando ficou óbvio que *O código Da Vinci* não era apenas um romance qualquer, em termos de dinheiro que estava gerando para a editora, Lange renegociou o contrato de Brown com a Doubleday. Afinal, Brown tinha mais do que compensado seu adiantamento quando a primeira edição de 230 mil exemplares do livro se esgotou. Ela conseguiu com o editor um novo contrato, aumentando o número de romances que Brown era obrigado a escrever para a Doubleday – apresentando Robert Langdon e ninguém mais – de dois para quatro livros.

Claro que o contrato original era um documento legal e comprometedor, e tecnicamente a Doubleday podia simplesmente ter cumprido os termos do instrumento e depois feito um novo contrato após Brown entregar *The Solomon Key*. Mas então o frenesi entre outras editoras seria algo assustador, e a Doubleday quis garantir que sua galinha de ovos de ouro não pulasse a cerca.

Dan Brown estava mais do que animado. Era o autor mais vendido nos Estados Unidos. "Dan Brown" se tornara uma franquia.

Capítulo 8

Sucesso estrondoso

Brown ficou perplexo com a atenção gerada pela publicação de *O código Da Vinci*. E isso estava acontecendo não só nos Estados Unidos e no Vaticano, mas no mundo todo.

"É absolutamente surpreendente"[1], ele disse a Matt Lauer no *Today Show*.

Dez semanas depois de publicado, havia uns milhões de exemplares sendo impressos nos Estados Unidos. Stephen Rubin, o presidente da Doubleday, comentaria, mais tarde, que o único livro com números comparáveis de venda – e com um frenesi semelhante em seu primeiro ano de publicação – fora *As pontes de Madison*, de Robert James Waller, lançado em 1992, e que vendera seis milhões de exemplares em dois anos. *O código Da Vinci*, claro, superou esse recorde; após um ano no mercado, o livro de Brown tinha vendido seis milhões e meio de exemplares só nos Estados Unidos, uma cifra que inchou para dez milhões de exemplares no fim de dois anos.

Mas aquilo era só o começo. O que aconteceu em seguida – não só com as vendas de *O código Da Vinci*, mas com a de todos os livros anteriores de Brown – nunca havia ocorrido na história da indústria editorial.

O quarto romance de Brown foi tão bem recebido pelos leitores que, após devorarem *O código Da Vinci* – às vezes lendo o livro inteiro, de capa a capa, num único dia –, ficavam tão apaixonados que começavam a comprar seus três romances anteriores.

Quando os pedidos começaram a chegar a St. Martin's Press para *Fortaleza digital* e a Simon & Schuster para *Anjos e demônios* e *Ponto de impacto*, as editoras foram pegas desprevenidas. Ao perceberem o que estava acontecendo, as editoras anteriores de Brown criaram novas capas – que obviamente traziam o nome Dan Brown em letras quase tão grandes quanto às do título – e encomendaram novas impressões. E então, mais impactante ainda, todos os romances começaram a entrar, um por um, nas listas dos mais vendidos em todo o país. Ocasionalmente, os quatro livros apareciam na mesma semana.

Era costume uma editora produzir novas edições de livros mais antigos de um autor se ele escrevesse um que, de repente, se tornasse fenômeno de vendas. Mas um primeiro romance escrito cinco anos antes, obscuro como *Fortaleza digital*, aparecendo nas listas dos mais vendidos? Impossível! Isso nunca tinha acontecido antes!

A controvérsia que Brown afirmava ser verdadeira em *O código Da Vinci* – segundo a qual Jesus e Maria Madalena eram marido e mulher – intrigou muitas pessoas a ponto de fazê-las comprá-lo, mas enfureceu muitas mais, tivessem elas lido o livro ou não.

Muitas dessas pessoas – padres, católicos leigos, cristãos evangélicos, outros protestantes e até mesmo o Vaticano – exigiam igual tempo na mídia para denunciar as teorias de Brown e seu livro. A curiosidade maior pelo livro aumentou ainda mais as vendas. As pessoas pediam mais – qualquer coisa escrita por Dan Brown. Ele tinha chegado ao auge. Finalmente.

Na onda dessa visibilidade maior, Brown resolveu alterar a página de agradecimentos que havia escrito para pelo menos um de seus romances anteriores. Quando *Anjos e demônios* fora publicado, Brown ainda era representado por Jake Elwell, da Wieser e Wieser (que se tornara Wieser e Elwell), a quem agradecia e se referia como "meu amigo". Ele ainda não tinha conhecido Heide Lange.

Quando *O código Da Vinci* decolou, porém, Brown reescreveu a seção de agradecimentos de seu segundo romance. Após agradecer a seu editor Jason Kaufman no primeiro parágrafo, prosseguiu: "À incomparável Heide Lange – a quem *Anjos e demônios* me guiou – por dar a esse livro uma nova vida e apresentá-lo ao mundo".

Elwell foi relegado ao segundo parágrafo: "A meu primeiro agente, Jake Elwell, por sua ajuda inicial e por vender o livro a Pocket Books". Também tirou as palavras "meu amigo" que apareciam diante do nome de Elwell nas primeiras edições de *Anjos e demônios*.

A sugestão feita por Dan Brown para que se colocassem códigos na orelha e na própria capa valeu a pena. Em novembro de 2003, o programa *Good Morning America*, da emissora de TV ABC, realizou um concurso entre os telespectadores que deviam encontrar todos os códigos escondidos na capa. Antes do concurso, Brown admitiu ter ficado surpreso pelo fato de não haver pessoas que tivessem notado os códigos secretos.

Talvez os executivos da Doubleday receassem que as vendas do livro começariam a cair em novembro; por isso, para manter o interesse das pessoas durante as férias, eles desenvolveram uma caça ao tesouro on-line chamada "Desafio original do Código Da Vinci", em cooperação com o *Good Morning America*. Na verdade, o concurso fora uma estratégia perfeita para aumentar as vendas nesse período, pois o ganhador só seria anunciado nas duas primeiras semanas de 2004.

Funcionava desta maneira: os telespectadores entravam no site oficial do concurso e decifravam as pistas – mas só podiam se inscrever após solucionarem os quatro códigos. No fundo, Brown se divertiu muito observando os telespectadores imitarem as caças ao tesouro que ocorriam nas manhãs de Natal de sua infância. Na verdade, fica a pergunta: Será que Brown relutaria em aparecer no programa que anunciaria o ganhador, para dar as respostas aos telespectadores que eram preguiçosos demais para decifrarem sozinhos? Não deve ter sido à toa que, terminado o concurso, Brown tenha estabelecido uma moratória para futuras entrevistas na mídia e apresentações em *talk shows*.

Aliás, os quatro códigos eram só aqueles que ele tinha reconhecido publicamente. "Pode haver mais", disse, enigmático como sempre. "Há quatro códigos visíveis a olho nu nesta sobrecapa[2]."

Após sugerir aos leitores que inclinassem o livro sob uma boa luz para notarem um dos códigos, ele lhes deu a primeira pista, apontando para uma ampliação da capa. "Bem aqui na orelha, na frase "Em Paris a trabalho", há algo diferente na palavra *trabalho*, se você olhar bem", explicou.

Usando uma grande versão ampliada da capa e das orelhas, Brown em seguida orientou os telespectadores até o fim do primeiro código. "Siga até a palavra *simbologista*", disse. "Você vai encontrar a letra S e, se prosseguir, chegará a uma frase que é um pedido de socorro de uma sociedade secreta."

Talvez o modo que indica com precisão como Brown interpreta fatos históricos e toma certas liberdades tenha ficado evidente quando ele explicou o primeiro código no *Good Morning America*. Depois de revelar que algumas das letras nas orelhas tinham sido "escurecidas", admitiu ao apresentador, Charles Gibson, que "tecnicamente isso não é bem um código. É apenas linguagem oculta". As letras escuras formavam a frase: "Não há ajuda para o filho da viúva?", que é um pedido de socorro entre os maçons.

Em seguida, conduziu o público pelos códigos restantes. Um nome foi escolhido entre os leitores que tinham identificado corretamente os quatro códigos – aqueles que eram visíveis a olho nu, presume-se – e enviado as respostas. O vencedor ganhou uma viagem para duas pessoas a Paris e recebeu uma lista, elaborada pessoalmente, dos locais secretos na cidade – Brown não disse se esses lugares eram mencionados no livro, tampouco se de forma clara ou em código.

Brown admitiu ter ficado perplexo quando verificou que quarenta mil pessoas decifraram corretamente os quatro códigos e que centenas de milhares de outras tentaram, mas não foram até o fim.

A boa maré de Brown começou a levantar outros barcos também. À medida que sua fortuna aumentava, a "máquina" Dan Brown impulsionava outros.

Como resultado da associação com seu autor-estrela, Jason Kaufman, o editor de Brown, já recebeu *status* de *superstar* entre os editores. No entanto, assim como seu autor mais famoso, ele prefere não se vangloriar. Antes de sua reputação pessoal crescer na indústria editorial com o sucesso estelar de *O código Da Vinci*, Kaufman era visto como um tipo mediano de editor, cuidando de livros de ficção ou não-ficção, mas sem nenhum sucesso de vendas. Alguns de seus projetos em editoras anteriores incluíam livros cujos temas iam desde golfe até saúde e assuntos médicos.

Para Kaufman, a situação era inédita: como ele não tinha a reputação de assessorar nenhum projeto que fosse acima da média, desde a proposta até o livro editado, os agentes literários só lhe enviavam aqueles tipos de livros. Isso sem mencionar o fato de que, como seu tempo médio de permanência nas editoras anteriores era menor do que dois anos, geralmente ele não fazia a primeira análise nos manuscritos e propostas que estavam no topo das pilhas.

Depois de Da Vinci, claro, as coisas mudaram radicalmente.

Hoje, Kaufman é o primeiro a examinar os livros de maior qualidade e propostas que nunca chegariam a ele antes, uma vez que muitos agentes agora acham que ele tem o toque de ouro. Alguns desses títulos são pálidas imitações de *O código Da Vinci* ou dos livros anteriores de Brown, e Kaufman sempre os rejeita. "Todas essas pessoas que estão procurando um próximo Dan Brown vão procurar por muito tempo"[3], ele disse. Na verdade, no ano seguinte à publicação de *O código Da Vinci* ele só comprou uma obra de ficção, embora admita que, quando adquire um novo livro, os direitos de publicação no exterior costumam vender rapidamente e com maior freqüência que antes.

"O sucesso me deixou mais cauteloso, porque quero encontrar coisas inovadoras como *O código Da Vinci*", afirmou. "Quero publicar livros que não apenas representem bem um gênero, mas que o impulsionem numa nova direção[4]."

Ao mesmo tempo, Brown deixou claro que não irá a lugar algum sem Kaufman como seu editor. Embora muitas editoras sem dúvida fantasiem a oportunidade de tirar Brown da Doubleday depois da publicação de seu sétimo romance – completando o quarto livro do contrato –, é evidente que Brown e Kaufman trabalham como um time. Quem quer um, leva os dois – um acordo que as editoras aceitariam de bom grado, mas pelo qual teriam de pagar muito caro.

Por outro lado, o papel de Kaufman na vida de Brown assumiu uma importância maior. Isso fica evidente quando se constata que o quinto romance de Brown ainda nem está à vista no verão de 2005. Embora anteriormente Brown conseguisse trabalhar em um livro e, enquanto isso, promover outro, parece ter encontrado agora um obstáculo grande com esse romance. Antes de seu nome se tornar uma marca, Brown contava principalmente com sua mulher e com a tecla "delete" no computador para reduzir um manuscrito ao tamanho certo. Mas a reação totalmente inesperada a *O código Da Vinci* e a pressão de produzir um romance que fosse igualmente envolvente, instrutivo e daquele tipo que é impossível parar de ler, forçaram Brown a contar mais do que nunca com Kaufman. Segundo este, os dois conversam pelo menos uma vez por dia, ou geralmente mais do que isso, sobre *The Solomon Key*.

"Discutimos cada trama e virada", diz Kaufman. "Sou uma espécie de tábua de salvação para ele[5]."

Quando se tornou uma celebridade reconhecida, Brown começou a limitar seu contato com o mundo exterior. Por um lado, precisou parar de viajar em aviões comerciais, pois, quando os outros passageiros o reconheciam, não tinha mais sossego. Tratavam-no como um astro de *rock* e faziam fila no corredor para ele autografar um livro que, por acaso, estavam trazendo no avião. Um passageiro a quem não faltava imaginação, como não possuía um exemplar de *O código Da Vinci*, chegou a lhe oferecer um saco para enjôo para autografar.

Brown ficou surpreso com essa notoriedade súbita. "Não imagino como as verdadeiras celebridades lidam com a fama", disse. "Sou apenas um sujeito que escreveu um livro e, mesmo assim, crio um circo quando saio a público. Minha vida mudou dramaticamente[6]."

Ao mesmo tempo que se afastava do mundo exterior, começava a se aproximar mais daquelas pessoas que o conheciam em seus dias anteriores a *O código Da Vinci*. O bibliotecário Stan Planton ainda ajuda Brown a decifrar as informações complicadas para *The Solomon Key*. Brown aprofundou seu relacionamento com esse bibliotecário que lhe tem dado uma assistência tão valiosa todos estes anos.

Após algumas ocasiões anteriores em que Brown e Planton se conheceram pessoalmente, o autor convidou o bibliotecário e sua família para visitá-lo em sua residência no litoral, onde ficaram hospedados algum tempo.

Os sinais de que Brown não seria capaz de cumprir o prazo para seu próximo livro apareceram logo. Ele estava ocupado demais. "A reação positiva a *O código Da Vinci* mudou minha vida radicalmente", disse. "Por um lado, aqui estou eu sentado no *Today Show* conversando com Matt Lauer. É uma experiência nova. Ao mesmo tempo, sou escritor. Vivo praticamente sozinho, na frente do computador. Isso não muda. Tenho os mesmos desafios todos os dias[7]."

Como era seu hábito, Brown começou a pesquisar para seu livro seguinte muito antes de o primeiro exemplar de *O código Da Vinci* sair da gráfica. Mas, dessa vez, a demanda de tempo e breves aparições na mídia começavam a interferir no tempo para escrever.

"Meus editores pensam que estou trabalhando com todo afinco em meu próximo livro"[8], brincou, um mês depois da publicação de *O código Da Vinci*. Na onda do estonteante sucesso do livro, ele descobriu como era ver uma editora que antes o considerava um risco agora ter nele seu patrimônio mais valioso. Seus sentimentos em relação a isso eram confusos.

"Eu pensava que teria mais controle sobre o ritmo em que meus livros seriam entregues à editora, quando na verdade tenho menos", ele disse. "Quanto melhor o desempenho do livro, mais rápido a editora quer o próximo. E, claro, estou em dívida com eles, pois criaram esse magnífico sucesso. Mas a ironia é que passo tanto tempo no rádio e em viagens que minhas horas destinadas a escrever ficam prejudicadas[9]."

Ao mesmo tempo, entrevistadores competentes, embarcando no clamor inicial de tudo que fosse Dan Brown, seriam negligentes se não perguntassem ao autor sobre seu próximo romance. Stephen Rubin e a equipe publicitária da Doubleday recomendaram que ele mencionasse algumas coisas boas do livro e parasse por aí. Assim, ele admitiu que seu quinto romance se passaria em Washington, D.C., e que envolveria os maçons, mas não deu mais nenhum detalhe. "É só isso que posso dizer"[10], explicou ao entrevistador.

E então Brown começou a sofrer um dilúvio de pedidos de outros autores para que lesse os originais deles e lhes oferecesse uma recomendação ou uma sinopse para a contracapa. Em menos de um mês do lançamento de *O código Da Vinci*, ele estava recebendo pelo menos um manuscrito ou cópia de impresso por dia. "Nunca tive tantos amigos na vida", disse. "Se eu lesse todos os manuscritos que me eram enviados, nunca mais teria tempo para escrever uma única palavra[11]."

Devido às inúmeras entrevistas na mídia e à contínua pesquisa e redação de seu novo livro, não demorou até que ele começasse a se atrasar.

Enquanto as editoras de todo o mundo corriam atrás dos direitos de publicar *O código Da Vinci* em suas jurisdições – no verão de 2005, o livro já fora publicado em 44 línguas –, não levou muito tempo até Hollywood entrar em cena. Brown ficou relutante a princípio, por vários motivos.

"Como Langdon é um personagem de série, hesito em vender os direitos para um filme", disse. "Uma das belezas da experiência de leitura é que todo o mundo imagina Langdon à sua própria maneira. No momento em que você coloca um personagem num *script* – independentemente de como você descrever Langdon ou qualquer outro personagem –, as pessoas vão imaginar um Ben Affleck, um Hugh Jackman, ou seja lá quem for[12]."

E, talvez por ter morado tantos anos em Los Angeles, Brown já estava bem acostumado com o modo como as pessoas da indústria do entretenimento encaravam um projeto, principalmente uma propriedade quente que pode significar lucros grandes desde o primeiro dia do lançamento.

"Hollywood tem o dom de pegar uma história assim e transformá-la numa cena de perseguição em Paris com metralhadoras e golpes de caratê", ele disse. "Por isso, estou muito hesitante, mas venho conversando com algumas pessoas específicas que são capazes de fazer um bom filme. Só assim venderei os direitos: se eu tiver boa parte do controle[13]."

O diretor Ron Howard deve ter concordado com todas as exigências de Brown. O filme *O código Da Vinci* está programado para ser lançado no dia 19 de maio de 2006, com Tom Hanks no papel de Robert Langdon.

Como era de se esperar, não tardou para que outros autores aparecessem, acusando Brown de copiar pontos que eles tinham exposto em livros anteriores, mais obscuros.

Três meses após a publicação de *O código Da Vinci*, a Doubleday recebeu uma carta de Lewis Perdue, um autor de numerosos livros de não-ficção e romances, que alegava que o quarto romance de Brown era um plágio de dois de seus livros: *The Da Vinci Legacy* (O legado de Da Vinci), publicado em 1983, e *Daughter of God* (Filha de Deus), lançado em 2000. Perdue acusava Brown de imitar os temas e as tramas de seus romances e usá-los como base para a história de *O código Da Vinci*. A Doubleday ignorou a reclamação de Perdue, e Brown também. Mas a editora, talvez percebendo que Perdue tentaria processá-los no futuro, se adiantou a ele e procurou um tribunal federal em Manhattan para registrar em juízo que *O código Da Vinci* não infringia de modo algum os direitos autorais de Perdue para seus dois romances. Em resposta, Perdue moveu um processo por perdas e danos de 150 milhões de dólares, acusando tanto Brown quanto a Random House – a matriz da Doubleday – de transgressão de direitos autorais. Ele também citou a Sony Pictures e a Columbia Pictures como participantes da infração, uma vez que essas indústrias cinematográficas estão co-produzindo a versão em filme de *O código Da Vinci*.

Enquanto o caso passava por uma audiência antes do julgamento, Perdue ocupou-se de sujar o nome de Brown na mídia local e nacional, e também em vários sites – como davincicrock.blogspot.com e writopia.blogspot.com –, em que ele fez um *upload* de todos os documentos legais usados nos processos por ambos os lados. Perdue também posta refutações e indagações em fóruns públicos e boletins em outros sites na internet que analisam e discutem o quarto romance de Brown.

Na verdade, as perguntas que Perdue faz em público se assemelham àquelas que poderiam aparecer na contracapa de um *best-seller* de suspense, em que um romancista desconhecido, porém publicado, acusa outro romancista, entre os mais vendidos e internacionalmente famoso, de plagiar sua obra:

1. Dan Brown ou alguém trabalhando para ele plagiou minha obra?
2. Por que Dan Brown não deu testemunho sob juramento de que não me plagiou?
3. Qual foi o papel de Jason Kaufman nisso tudo?
4. Quem realmente fez a pesquisa?
5. Quem realmente escreveu *O código Da Vinci*?
6. Por que Blythe Brown manteve um estranho pseudônimo, Ahamedd Saaddoodeen, por mais de 25 anos?
7. Por que a Random House acha que seu caso é tão incerto a ponto de precisar esconder a verdade?
8. Por que a Random House não pode se dar ao luxo de ir a julgamento?

O único comentário público que Brown fez acerca desse assunto até hoje foi praticamente menosprezar as acusações de Perdue.

"Aparentemente isso acontece o tempo todo com autores de *best-sellers*", disse Brown, revelando que, quando *O código Da Vinci* foi lançado, logo se tornando o livro mais vendido, ele recebeu telefonemas de vários autores consagrados, primeiro para parabenizá-lo, e depois para alertá-lo. Esses autores diziam: "Bem, prepare-se, porque vão aparecer pessoas das quais você nunca ouviu falar, surgidas como que das sombras, tentando tirar uma casquinha de seu sucesso[14]."

"Só o que posso dizer é que nunca ouvi falar de Perdue nem de sua obra", disse Brown. "Acho que é apenas uma daquelas duvidosas insígnias de honra que você tolera quando chega à lista dos mais vendidos[15]."

Na primavera de 2005, o juiz que presidia o caso entre Lewis Perdue e Dan Brown, Random House e Sony Pictures, concordou em ler cada um dos livros em questão para determinar se os romances eram suficientemente semelhantes para justificarem um julgamento. No mês de agosto, o juiz concluiu que as histórias eram muito diferentes, negando assim a necessidade de um julgamento.

Depois de aparecer em *Good Morning America* em janeiro de 2004 para o concurso *O código Da Vinci*, Brown começou a recusar entrevistas e aparições em público, exceto para causas e grupos com os quais simpatizava. Em 18 de maio de 2004, deu uma palestra no Capitol Center for the Arts, em Concord, em benefício do New Hampshire Writers' Project, a organização que o ajudara com conselhos e com o apoio de outros escritores em 1995, quando ele começara a escrever *Fortaleza digital*. Mais de oitocentos leitores e pessoas da mídia compareceram ao evento, que vendeu todos os ingressos e recebeu Dan Brown como o filho pródigo, ao subir no pódio.

Ele ficou pasmo com a reação. "Eu imaginava uma sala pequena, simples, talvez com umas trinta pessoas presentes", brincou. "Mas passei muitos anos de solidão e fome neste estado e sei como é difícil[16]."

O último evento de autógrafos de Dan Brown para *O código Da Vinci* foi em 13 de dezembro de 2003, na Water Street Books, a livraria de Exeter que lhe tinha dado muito apoio como autor local desde o tempo em que *Fortaleza digital* fora publicado pela primeira vez.

Esse evento específico beneficiaria a Families First, centro comunitário de assistência à saúde em Portsmouth, que desde muito tempo vinha recebendo donativos de Brown. O autor prometeu doar diretamente a essa organização sem fins lucrativos o valor total do preço de capa de cada um de seus quatro livros que fosse vendido no evento. O típico desconto em varejo para um livro de capa dura é de 50% – por exemplo, para um livro que custa 25 dólares, a loja recebe 12,50 dólares enquanto a editora fica com outros 12,50. Isso significa que Brown doaria a diferença entre o custo da livraria e o preço de capa. E, se suas últimas aparições em público fossem um indicativo, centenas, senão milhares de livros foram vendidos naquele dia, e a fila dobrava o quarteirão.

Um detalhe interessante: Dan vinha afirmando nas entrevistas que continuava compondo música e escrevendo canções enquanto trabalhava com seus romances. No evento de autógrafos, Brown anunciou que revelaria um projeto-surpresa nos feriados para as crianças: *Musica Animalia*, um CD com canções escritas e interpretadas por ele mesmo, cujo lucro das vendas também iria para a Families First.

Na ocasião, o evento foi chamado de "Último evento de autógrafos de Brown para os próximos 14 meses", o que significava que seu próximo romance estava marcado para aparecer no fim da primavera de 2005.

Mas não seria bem assim.

Capítulo 9

Cuidado com o que você deseja

Assim como não tinha previsto que *O código Da Vinci* se tornaria um *best-seller* no mundo todo, Dan Brown certamente não esperava que os críticos reagissem com tanta antipatia desde o instante em que o livro foi publicado. E a ira dirigida contra seu livro foi surpreendente tanto em quantidade como em veemência.

O cardeal Tarcisio Bertone, arcebispo de Gênova, referiu-se ao livro como "um amontoado de mentiras"[1]. Posteriormente, no outono de 2004, o romance foi proibido no Líbano, e os agentes de segurança do governo e a polícia informaram as livrarias e outros vendedores de livros no país que as versões em inglês, francês e árabe de *O código Da Vinci* teriam de ser retiradas das prateleiras em caráter permanente.

"Ao contrário do que as pessoas possam acreditar, não escrevi esse livro para mexer num ninho de vespas", disse Dan Brown. "Nós adoramos os deuses de nossos pais. A coisa é simples assim[2]."

Ele afirma que a maioria de seus críticos simplesmente não compreendeu a mensagem do livro: "Antes de dois mil anos atrás, vivíamos num mundo de deuses e deusas", disse Brown. "Hoje, vivemos num mundo de um único Deus. Eu apenas escrevi uma história que explora como e por que essa mudança teria ocorrido, o que ela diz de nosso passado e, mais importante, o que diz de nosso futuro[3]."

A principal acusação que seus críticos usavam para denegrir o livro era o fato de ele conter muitos erros factuais e incorreções, o que gerou umas duas dúzias de livros cujo objetivo principal é desmascarar esses "fatos" que Dan Brown afirma serem verdadeiros. Seus oponentes inevitavelmente contavam com essa tática num esforço para mostrar que, se ele errou nas coisas pequenas, então as verdades históricas que apresentou no livro – que Jesus e Maria Madalena eram marido e mulher, por exemplo – só podiam ser falsas. Basicamente, eles queriam questionar toda a veracidade da obra.

Porém, quando os entrevistadores lhe perguntam a respeito dessa crítica negativa, Brown prefere se concentrar no *feedback* positivo que recebeu.

"Fiquei um pouco nervoso quando o livro saiu porque ele contém, sim, algumas idéias controvertidas", admite. "Tenho o prazer de dizer que estou recebendo cartas de padres e muitas cartas de freiras, de pagãos e feministas, de católicos praticantes e de indivíduos que se dizem católicos recuperados, todos animados e confiantes nas idéias deste livro[4]."

Ao mesmo tempo, ele admitiu ter ficado chocado com o nível e veneno da crítica desferida contra ele. "Fui acusado de todo tipo de coisa este ano; entre outras, de ser anticristão", disse. "Fui criado como cristão e até hoje tento viver minha vida seguindo as premissas básicas dos ensinamentos de Cristo[5]." "Esse livro não é anticristão nem anticatólico. Sou cristão, embora talvez não no sentido convencional da palavra. Eu me considero um estudioso de muitas religiões[6]." "Meu livro apenas aborda o catecismo e a história do cristianismo por uma lente um pouco diferente, que é a exploração daqueles livros da Bíblia que não entraram na versão de Constantino, aquela que lemos hoje[7]."

Nas entrevistas ele também foi cuidadoso ao afirmar que o romance por ele escrito e os fatos expostos não devem tornar as pessoas descrentes. Por exemplo, ele afirmou, no livro, que Constantino e seus filhos condensaram a Bíblia de maneira a ressaltar a divindade de Cristo, aproximando pagãos e cristãos, criando, assim, uma corrente de cristianismo e dissolvendo as várias que existiam na época.

"Constantino era um político muito esperto e tomou algumas decisões no sentido de fazer Cristo mais divino no papel do que realmente foi", disse. "Esse ato de forma alguma diminui a beleza da mensagem de Cristo ou a beleza da mensagem da Bíblia. Apenas é um modo diferente de ver como a história se desenrolou[8]."

Quando ficou claro que *O código Da Vinci* tinha poder e continuaria a vender bem – na verdade, até mais que nos primeiros meses de publicação –, não tardaram a surgir os primeiros livros críticos.

Quebrando o código Da Vinci, de Darrell L. Bock; *A fraude do código Da Vinci*, de Erwin W. Lutzer; *Desmascarando o código Da Vinci*, de James L. Garlow e Peter Jones; e *The Da Vinci Hoax* [O embuste Da Vinci], de Sandra Miesel e Carl Olson, foram apenas alguns dos títulos que começaram a inundar o mercado. Ao todo, aproximadamente duas dúzias de livros críticos de *O código Da Vinci* foram publicados, a maioria abordando o mesmo tema – a versão histórica bíblica de Brown está errada – e baseando suas próprias posições em citações e entrevistas de indivíduos com idéias semelhantes às deles.

A opinião de Brown sobre esses livros é surpreendente: "Acho que eles são absolutamente magníficos. Os autores e eu obviamente discordamos, mas o diálogo gerado por tudo isso é poderoso e positivo. Quanto mais consideramos e debatemos esses assuntos, mais compreendemos nossa espiritualidade"[9].

Ele admitiu nunca ter conhecido nenhum dos autores desses livros, mas não descarta a possibilidade: "Presumo que sejam indivíduos muito bons, bem-intencionados. É importante lembrar que, assim como eu saí no circuito dos *talk shows* tentando vender meu livro, eles agora estão tentando vender os deles, e seu interesse também é criar o máximo de polêmica, geralmente fazendo afirmações bombásticas"[10].

Mas *O código Da Vinci* enfureceu tanta gente que, mesmo aqueles que não tinham um livro a promover nem uma organização para influenciar, logo começaram a refutar as afirmações e suposições do quarto romance de Brown.

"Um de meus críticos, um cavalheiro bastante loquaz e estudioso devoto, foi a um programa de rádio e disse que estava lá a chamado de Deus para corrigir as percepções errôneas apresentadas em *O código Da Vinci*", disse Brown. "Ele falou ao entrevistador que estava furioso comigo por eu ensinar história de maneira errada[11]."

Outra acusação de seus críticos é a de que ele seria um teórico das conspirações, o que ele nega veementemente: "Eu certamente não sou um teórico das conspirações. Posso dizer que não acredito em extraterrestres e acho que aqueles círculos nas plantações não são nada mais que uma brincadeira muito bem elaborada. Também não acredito no Triângulo das Bermudas. A narração em *O código Da Vinci* é historicamente tão bem documentada que o único motivo de parecer conspiração é porque todos nós acreditamos numa verdade diferente. E a minha pergunta é: 'Qual conspiração? Qual versão da verdade é uma conspiração?'" [12].

Como se podia esperar, a mídia engoliu isso, mas só por algum tempo. "A mídia tem um nível de tolerância muito alto para as controvérsias, mas, mesmo assim, toda essa refutação e esse desmascaramento do livro chegaram às raias do absurdo, e algumas coisas atingiram níveis tão detestáveis que até a mídia começou a se cansar"[13], ele afirmou 14 meses após a publicação de *O código Da Vinci*.

Quanto ao fato de as pessoas estarem fazendo tempestade em copo d'água, ele riu do comentário de um padre a respeito do livro. "Ele disse que a teologia cristã sobreviveu aos escritos de Galileu e aos de Darwin", explicou Brown. "Com certeza, sobreviverá aos escritos de um romancista de New Hampshire[14]."

Brown afirmou que os maiores teólogos acreditam que a religião só tem um verdadeiro inimigo, e não é seu livro, mas sim a apatia. "Temos tantos impasses na vida que nos esquecemos de ir à igreja, de ir ao templo; esquecemos de pensar em Deus, de guardar um tempo para a espiritualidade", disse. "Há um antídoto muito bom para a apatia: o debate acalorado. Fico empolgado ao ver que existe muito debate; ele nos força a explorar de modo ativo nossas crenças, o que é revigorante e saudável para a religião como um todo[15]."

Claro que os grupos que se sentiram difamados em *O código Da Vinci* – direta ou indiretamente – tomaram medidas para se distanciar do livro e condenar a afirmação de Brown de que os itens históricos sobre os quais escreveu são factuais.

O Opus Dei, talvez o grupo retratado sob o prisma menos lisonjeiro no livro, imediatamente o denunciou em seu site e na mídia: "Apesar da promoção de marketing do livro e de sua pretensão de apresentar uma base histórica autêntica, a verdade é que ele distorce o registro histórico acerca do cristianismo e da Igreja católica e dá uma visão totalmente irrealista dos membros do Opus Dei e de como eles vivem".

Brown respondeu: "Sempre que você tem muito dinheiro e mantém segredo sobre o que faz com ele, seja você quem for – a Agência Nacional de Segurança, o Opus Dei ou o Vaticano –, as pessoas vão deduzir que está fazendo o pior". Entretanto, ele não pinta o grupo de modo tão negativo, apesar do que dizem os críticos. "Ao mesmo tempo, conheci estudantes e profissionais para os quais a religião moderna não oferece o rigor e a estrutura de que eles precisam, e para eles o Opus Dei tem sido uma experiência poderosa e fundamentada"[16], ele disse.

Alguns podem dizer que, tendo ofendido inadvertidamente tantos grupos e organizações em seus livros, ele talvez precise de um guarda-costas. Mas ele dispensa qualquer preocupação com sua segurança. "Eu me esforço muito para retratar essas organizações sob um prisma justo e até suave, e acho que consegui"[17], ele disse. Além disso, numerosas vezes já repetiu que acredita em tudo o que apresentou em *O código Da Vinci*, incluindo o fato de Jesus e Maria Madalena terem sido casados. "Digo que, com relação ao modo como apresentei o Santo Graal no livro, acredito que ele exista exatamente do jeito lá descrito[18]."

Bem no início de *O código Da Vinci*, Dan Brown escreve: "Todas as descrições referentes a arte, arquitetura, documentos e rituais secretos neste livro são corretos". Mas o interessante é que, mais ou menos dois meses depois do lançamento de *O código Da Vinci*, Brown começava a corrigir um pouco sua posição de "tudo é factual" que servira essencialmente como convite para milhões de católicos ofendidos, entre outros, denunciarem o livro.

"Noventa por cento é verdade"[19], ele disse em maio de 2003.

Mesmo as pessoas cujas idéias ele respeitava, a ponto de dar seus nomes aos personagens, tinham reservas quanto ao que Brown fez em *O código Da Vinci*. "Nós dissemos que havia evidências para sustentar tais coisas. Mas uma evidência não é o mesmo que uma prova. Dan Brown está encarando tudo como fato"[20], disse Richard Leigh, cujo sobrenome Brown adotou como primeiro nome de Leigh Teabing, personagem de *O código Da Vinci*. Leigh é co-autor de *O Santo Graal e a linhagem sagrada*, um livro publicado no Reino Unido em 1982, apresentado por Brown na lista bibliográfica e descrito como uma importante influência.

Embora as vendas de seu livro também tenham chegado ao auge graças à visibilidade mundial gerada por sua associação a *O código Da Vinci*, Leigh também se queixa, ao lado de outros que, ao longo dos anos, tinham apresentado essas idéias ao público em forma de livro. Embora essas queixas talvez nada mais fossem que dor-de-cotovelo, a verdade é que livros acadêmicos e sérios raramente captam a atenção do mundo – por mais chocante ou polêmico que seja o tema – como acontece com um livro de suspense muito bem escrito cuja história se passa num período de 24 horas.

"Há muitos livros de não-ficção sobre esses assuntos, mas não muitos de ficção", Brown disse. "Muitas pessoas não conhecem esses temas. Quando você procura um livro para ler na praia, não quer um volume histórico sobre a Igreja católica[21]."

No desenrolar da controvérsia, Brown retornava incessantemente a um tema: em determinados períodos da história, toda grande religião mundial teve tanto deuses quanto deusas em sua teologia, mas hoje a maior parte do cristianismo tradicional celebra apenas o lado masculino da equação, com um Deus. Ele acredita que esse desequilíbrio é ao mesmo tempo um sintoma e uma causa dos males da sociedade, hoje em dia.

"Acho que qualquer pessoa que sintonize a CNN ou a rádio NPR percebe que estamos vivendo uma vida de desequilíbrio", disse. "Todo Osíris tem uma Ísis, e todo Marte tem sua Vênus. Vivemos atualmente num mundo só de deuses. A deusa sumiu. E é interessante notar que a palavra *deus* na sociedade moderna evoca imagens de piedade, força e credibilidade, enquanto seu correspondente feminino, *deusa*, parece um mito, uma fábula[22]."

Enquanto os fãs encontravam estímulo nessas explicações, os críticos continuavam acusando Brown e seus dois romances estrelados por Robert Langdon de ateísmo, blasfêmia e ultraliberalismo, entre outras coisas.

Ele fez o melhor que pôde para engolir a crítica feroz com uma pitada de sal. Talvez tenha se orgulhado ao máximo de suas raízes de New Hampshire quando o cartunista do *Union Leader*, o maior jornal do estado e com uma antiga reputação de conservador, dedicou uma charge à controvérsia de *O código Da Vinci*. Brown brincou com ela na palestra para o New Hampshire Writers' Project. "Um senhor me deu um tapinha nas costas e me parabenizou pela honra um tanto dúbia de ter levado uma surra do *Union Leader* sem eu sequer ser candidato a um cargo político"[23], ele disse.

Após passar meses a fio sendo duramente criticado por causa das idéias que apresentou em seu quarto romance, Brown disse que sua fé não fora abalada, mas que tinha tantas perguntas acerca da religião e da espiritualidade quanto antes. Ele admitiu invejar as pessoas – tanto os críticos quanto os fãs – que têm uma fé absoluta e nunca duvidam dela. "Eu gostaria muito de ter uma fé inquestionável e absoluta", disse. "Mas não tenho, e ainda estou buscando. Escrevi *O código Da Vinci* como parte de minha busca espiritual. Nunca imaginei que um livro de ficção se tornasse tão polêmico[24]."

Capítulo 10

Celebridade relutante

"Não há nada pior, acho, que ter um grande sucesso e tentar criar outro grande sucesso"[1], disse Donna Tartt, autora do romance *A história secreta*, que foi um sucesso estrondoso quando foi publicado em 1992. Dez anos se passariam antes do segundo romance dela, *O amigo de infância*, cuja venda foi apenas modesta.

E, nas famosas palavras de Frank Conroy, o falecido autor e diretor da Oficina dos Escritores de Iowa: "O sucesso arruinou mais escritores do que o fracasso"[2].

No fim de maio de 2005, autoridades da indústria editorial de todos os tipos estavam esfregando as mãos – de felicidade ou medo, dependendo do lado em que estavam – ante a notícia de que, após passar mais de dois anos numa das cinco primeiras posições na lista dos mais vendidos do *The New York Times*, *O código Da Vinci* finalmente caía para a sexta posição. Claro que tal posição representava ainda uma venda de aproximadamente 25 a 30 mil exemplares *por semana*, e a maioria dos romancistas daria tudo para ter os *royalties* dessa quantidade de livros. Entretanto, considerando que, apenas seis meses antes, ele estava vendendo um quarto de um milhão de exemplares por semana, parecia que estava chegando perto do ponto de saturação entre os leitores dos Estados Unidos. Talvez todos os que queriam comprar o livro já o tivessem comprado.

Enquanto os especialistas da indústria encaravam o inevitável – *O código Da Vinci* finalmente estaria disponível em brochura –, a atenção especulativa se voltava para o futuro lançamento do quinto romance de Brown. Coincidentemente, a Book Expo America, a maior feira do ramo nos Estados Unidos, seria realizada na mesma semana em que *O código Da Vinci* cairia para a sexta posição, e alguns especulavam que a Doubleday anunciaria a data da publicação de *The Solomon Key* no evento. Como o anúncio não ocorreu, os otimistas saíram da feira insatisfeitos, enquanto os pessimistas e fofoqueiros ganhavam o dia com o tremendo buraco na programação da Doubleday.

Quanto ao lançamento de *O código Da Vinci* em brochura, o presidente Stephen Rubin se recusou a confirmar uma data, embora sugerisse que, se as vendas continuassem a cair durante o verão de 2005, ele consideraria a possibilidade. Na verdade, apesar de as editoras costumarem lançar uma edição em brochura do livro de um autor assim que seu próximo livro é publicado pela primeira vez em capa dura, não seria de surpreender se *O código Da Vinci* permanecesse disponível só em capa dura bem depois da publicação de *The Solomon Key*. O lançamento do filme provavelmente causará um novo pico nas vendas e estenderá sua vida em capa dura.

Quando Brown começou a revelar algumas amostras do tema de seu tão aguardado livro novo, as editoras começaram a esquentar os motores para publicar – ou reeditar publicações há muito já esgotadas – obras sobre maçonaria, arquitetura em Washington, D.C., e livros que especulam o conteúdo e a trama de *The Solomon Key*. Autores esforçados se dedicaram a ler tudo o que encontravam sobre os maçons e a capital do país.

"Quando comecei a pensar em escrever um livro cuja história se passa em Washington, D.C., não acreditava que teria o mesmo tipo de grandiosidade e impacto de um lugar como Paris ou Roma", ele disse. "Na verdade, quanto mais eu pesquiso a respeito da arquitetura de Washington e sua história, mais sinto que a cidade pode até superar Roma no que diz respeito à sua história secreta. Que lugar fascinante[3]!"

Para encontrar vestígios sobre os maçons, os autores recorriam às duas obras anteriores de Brown protagonizadas por Langdon. Mais de uma vez, Brown sorriu com malícia ao mencionar que algumas das pistas e códigos em *Anjos e demônios* e *O código Da Vinci* davam dicas do que ele ia explorar em seus futuros livros.

Um exemplo é oferecido por Greg Taylor, autor de *Da Vinci in America* [Da Vinci na América], livro cujo único objetivo é decodificar o quinto e ainda não publicado romance de Brown, baseando-se nas pistas e dicas que Brown expôs em seu quarto livro e em entrevistas. Ele sugere que, quando Brown descreveu o comprimento da Grande Galeria do Louvre como equivalente a "três Washington Monuments de um extremo a outro", quis dizer que o monumento terá um destaque fundamental em *The Solomon Key* ou, no mínimo, servirá de um confronto típico no tão aguardado próximo livro.

Taylor também afirma que, assim como fez nos romances anteriores, Brown consultou especialistas qualificados em suas áreas para ajudá-lo a compreender até pelo avesso um determinado tema. Nesse sentido, um especialista com quem Brown está trabalhando intimamente é James Sanborn, criador dos códigos que aparecem na escultura *Kryptos*, em frente à sede da CIA em Langley, Virgínia. Baseando-se numa dica fornecida por Brown no "Desafio original do Código Da Vinci", Taylor especula que os quatro códigos na escultura terão papel fundamental na trama de *The Solomon Key*. Um fato interessante é que, embora os três primeiros códigos que aparecem na escultura já tenham sido decifrados, o quarto permanece um mistério. Talvez Brown, com seu talento e afinidade para resolver enigmas e códigos, tenha sido o primeiro a decifrá-lo. Ele tanto pode sugerir a solução em seu próximo livro, quanto pode decidir deixar a resposta final por conta do leitor.

Nesse meio tempo, os fãs aguardam ansiosamente a próxima saga de Robert Langdon, apesar de não haver nem sinal ainda de seu retorno marcado.

"Ele já tem uma enorme base de fãs dispostos a aceitar qualquer coisa que escreva. Veja as vendas de seus títulos anteriores"[4], disse Tom Dwyer, o diretor do comércio de livros adultos da rede Borders.

É comum um autor enfrentar o bloqueio dos escritores e ficar na dúvida se isso pode se repetir após um romance de estrondoso sucesso, ou se o que conseguiu até então foi por golpe de sorte. Muitos na indústria se perguntam por que Brown está titubeando tanto, uma vez que a primeira edição de *The Solomon Key* certamente baterá um recorde.

Talvez Brown esteja apenas ganhando mais tempo para ter certeza de que seu quinto romance não virá cheio de erros e imprecisões – eles geraram tanta refutação que as livrarias tiveram de criar uma seção chamada "Pessoas que discordam de Dan Brown".

E, embora os executivos da Doubleday sem dúvida queiram publicar o próximo *opus* de Brown o mais rápido possível, eles ainda têm o luxo da presença de *O código Da Vinci* nas listas dos mais vendidos em todo o país.

Enquanto isso, para ver o fugidio Dan Brown, alugue o filme de John Travolta, *Be Cool – O outro nome do jogo*. O vocalista da banda Aerosmith, Steven Tyler – que também foi criado em New Hampshire – devorou *O código Da Vinci* pouco após sua publicação e telefonou para Dan Brown, parabenizando-o pelo sucesso do livro e convidando-o para o próximo show da banda. O show foi filmado como uma cena no filme de Travolta. Dan e Blythe aparecem na primeira fileira, cantando com o conjunto e se divertindo muito. Após o lançamento do filme, alguns membros do Aerosmith – além de alguns atores – reclamaram que Dan apareceu mais tempo do que eles.

Será que Brown mudou? Segundo aqueles que o conheciam antes e depois, não.

"Eu não o descreveria como um compulsivo", disse o presidente da Doubleday, Stephen Rubin. "Ele é bastante centrado[5]." "É extremamente encantador, muito astuto e vivaz, como aquele professor de faculdade que você nunca teve. É impossível não gostar dele"[6], concluiu Rubin.

Ele continua a escrever logo cedo, num escritório que não tem telefone nem conexão com a internet. "Meu processo de escrever nunca mudou. Ainda me levanto às quatro da manhã todo dia e fico diante de uma tela vazia de computador. Meus personagens atuais não se importam com a quantidade de livros que vendi e ainda exigem o mesmo esforço e a mesma bajulação para fazerem o que quero que façam[7]."

Seu editor, Jason Kaufman, concorda: "Ele é a mesma pessoa que era dois anos atrás. É mais difícil para ele andar pelas ruas agora, mas é o mesmo sujeito centrado e de bom senso"[8].

Como sempre, Dan dá o crédito à sua esposa por ajudá-lo a manter as coisas em perspectiva. "Blythe é uma maravilhosa força de sustentação e, muito antes de esse livro sair, quando sentíamos que seria um sucesso, ela me disse: 'Não me importo se ele chegar ao número 1; você ainda vai levar o lixo para fora'"[9], brincou.

Ele planeja continuar em seu estado natal, New Hampshire? Provavelmente. O estado, sem dúvida, o tratou muito bem e lhe serviu de uma boa base. As pessoas no Granite State [ou Estado de Granito, como é conhecido New Hampshire] costumam tratar como indivíduos normais aqueles que o resto do mundo considera astros.

"O estado é uma Meca cultural para muitos escritores e artistas, mas é escondido", disse Brendan Tapley, diretor de comunicações de um retiro para escritores de fama internacional em Peterborough, New Hampshire, chamado MacDowell Colony. "O que atrai escritores para cá é o respeito que esta região tem por eles como artistas, pois os deixa em paz para relaxarem. Você encontra aqui a clássica sensibilidade da Nova Inglaterra, onde ninguém fica perguntando o que você faz."

Atualmente, Dan Brown é a maior celebridade do estado. Mas, apesar de as viagens em *O código Da Vinci* pelo Louvre e Roma trazerem bastante dinheiro aos guias, não é uma surpresa que, nessa pequena parte do mundo, ninguém ainda tenha montado um negócio em Exeter para oferecer passeios turísticos pela cidade natal de Brown: "Era aqui que Dan Brown freqüentava a escola maternal... Nossa próxima parada será a quadra de tênis na Phillips Exeter, onde Dan Brown jogava com freqüência...".

Quanto às futuras aventuras de Robert Langdon depois de *The Solomon Key*, Brown deu uma dica pouco depois da publicação de *O código Da Vinci*. "Um de meus futuros livros se concentra num famoso compositor e suas ligações com uma sociedade secreta"[10], disse, acrescentando rapidamente que se baseava totalmente em "fatos". Considerando sua antiga paixão por música, não é uma surpresa.

É possível que Brown esteja montando o palco para um romance que envolva Wolfgang Amadeus Mozart. Assim como seu pai, Leopold, o jovem compositor era maçom e costumava escrever música especificamente para ser usada em ritos maçônicos. Por exemplo, ele escreveu "Gesellenreise" – ou "A jornada do companheiro" – para comemorar a ocasião em que seu pai foi promovido no grupo.

Algumas outras composições são "Die Maurerfreude" – ou "A alegria do maçom" – e "Música fúnebre maçônica". Mas talvez a obra que Brown tenha sob mira seja uma das óperas de Mozart, "A flauta mágica", que supostamente seria um veículo de propaganda para a maçonaria.

Posteriormente, rumores acusavam os maçons de terem assassinado Mozart – os boatos de que Antonio Salieri teria envenenado o compositor, como vemos no filme de 1984, *Amadeus*, surgiram bem depois – porque ele teria revelado segredos maçônicos na ópera, sendo, portanto, considerado desobediente. Outra teoria apresenta a morte de Mozart como parte de uma conspiração maçônica para assassinar Gustavo III, da Suécia, e Leopoldo II, da Áustria.

Claro que Brown poderia estar pensando em uma sociedade secreta totalmente diferente, mas a maçonaria já teve tantos membros importantes e de destaque na sociedade – incluindo um terço dos presidentes dos Estados Unidos –, que as histórias, as conspirações imaginadas e as potenciais aventuras e tramas podem apresentar muito mais cenários excitantes do que cem Robert Langdons seriam capazes de viver em uma vida.

No fim de outubro de 2004, Dan Brown doou 2,2 milhões de dólares à Academia Phillips Exeter em homenagem a seu pai, que lecionou matemática na escola por 35 anos, de 1962 até sua aposentadoria, em 1997.

O Fundo para Tecnologia Richard G. Brown vai fornecer computadores e outros equipamentos de alta tecnologia a estudantes carentes. Embora o dinheiro tenha vindo, sem dúvida, do bolso de Dan Brown, a doação foi feita em nome dele, de seu irmão, Gregory, e de sua irmã, Valerie, que também se formaram na Phillips Exeter.

"A contribuição de meu pai à educação, através de suas aulas e seus livros didáticos, é um legado poderoso", disse Brown durante a cerimônia, ao anunciar a doação. "Garantindo que todos os estudantes tenham a mesma base na área de tecnologia, independentemente de seus recursos financeiros, nós aproveitamos a oportunidade para devolver algo a um pai fenomenal e a uma escola extraordinária, que sempre nos deram tanto[11]."

Epílogo

"Adoro dar aula. E dar aula na Phillips Exeter é o paraíso. [...] Sempre gostei de ensinar sobre *Ratos e homens*. É um livro muito simples. E há uma pureza nele que os estudantes jovens conseguem captar. Quando eu tiver tempo, espero voltar a lecionar[1]."

É um pouco difícil imaginar Dan Brown feliz estando de volta à sala de aula, depois dos eventos em sua vida desde a publicação de *O código Da Vinci*.

Em seus dois primeiros anos de publicação, 25 milhões de exemplares haviam sido publicados em 44 idiomas diferentes em todo o mundo, com 10 milhões vendidos só nos Estados Unidos.

O fascínio de Brown com a discórdia entre ciência e religião sem dúvida continuará sendo um tema dominante em seus romances, já que a dinâmica está tão profundamente arraigada em sua psique.

Portanto, os fãs de Dan Brown podem esperar, com certeza, pelo menos mais três romances apresentando o simbologista Robert Langdon, além de muitos códigos, quebra-cabeças e enigmas não só no texto, mas também na arte da capa e das orelhas. E, como Brown ficou surpreso ao descobrir que quarenta mil pessoas resolveram os quatro códigos no "Desafio original do Código Da Vinci" do programa *Good Morning America* no inverno de 2004, pode-se dizer com certeza que os leitores sentirão que os códigos e segredos vitais para o enredo das histórias em seus futuros romances serão muito mais difíceis de decifrar.

O máximo que os executivos da Doubleday dizem sobre *The Solomon Key* é que não esperam ver o manuscrito em suas mesas antes da primavera de 2006.

A especulação na indústria está girando em torno dos verdadeiros motivos para o atraso na entrega do manuscrito: ele está estressado sob a pressão; precisa muito de férias; não precisa de dinheiro; quer ter certeza de que todos os fatos no livro foram checados várias vezes para calar a boca dos críticos; *The Solomon Key* tem dez vezes mais detalhes que *O código Da Vinci*... Ou, que tal esta: ele simplesmente não precisa se apressar. Afinal, Stephen Rubin não vai cancelar o contrato para mais três livros só pelo fato de Brown quebrar o prazo para a entrega do manuscrito. Existe uma fila de editoras dispostas a acenar com milhões de dólares para Dan Brown e Jason Kaufman, caso o autor decida trocar de editora.

Se ao menos ele pudesse resolver o problema com a mesma facilidade que tivera na última vez em que ficara empacado, usando uma coisa tão simples quanto um *software* de reconhecimento de voz...! Claro que a Doubleday ou o autor pode contratar um *ghost-writer* para completar o manuscrito, desde que seu estilo e qualidade sejam semelhantes, mas é difícil imaginar Dan Brown consentindo com isso. Ele poderia contratar mais pesquisadores e pessoas para verificarem os fatos, mas, se ele estiver percorrendo o mesmo caminho dos livros anteriores, a essa altura do jogo a pesquisa já está pronta.

Talvez o atraso seja apenas um caso de bloqueio um pouco maior que o normal, agravado pelo fato de o mundo todo estar observando e esperando seu próximo livro.

Também não ajudou o fato de ele ter sido apontado como o número 12 da lista de 100 celebridades da revista *Forbes* no verão de 2005; esse número é a posição de poder que a revista atribui a cada celebridade. Em termos do dinheiro estimado que ganhou entre junho de 2004 e junho de 2005 – a *Forbes* calcula sua fortuna em 76,5 milhões de dólares nesse período –, ele na verdade estaria em sexto lugar, acima de Madonna e da autora de *Harry Potter*, J. K. Rowling, e um pouco abaixo de Oprah Winfrey e Tiger Woods.

De qualquer forma, ele não é o primeiro autor com um livro de enorme sucesso a se sentir inseguro antes de entregar o próximo. Afinal, ele escreveu seus três primeiros romances em relativa obscuridade, sem ter de se preocupar com cada palavra digitada, nem com o modo como críticos, fãs, comentaristas ou grupos sobre os quais estava escrevendo – nesse caso, os maçons – interpretariam seu trabalho.

Quando ele se aventura a se mostrar em público – em Exeter ou em algum outro lugar no estado –, parece calmo, tranqüilo e centrado, como se não tivesse uma única preocupação na vida. Embora seja tratado como astro do *rock* quando entra num avião, pode viajar por New Hampshire quase sem alvoroço ao seu redor.

Uma aparição durante a primavera de 2005 no Canoe Club, um restaurante em Hanover, New Hampshire, a cerca de duas horas de carro de sua casa em Rye Beach, não revelou nenhum sinal muito visível de estresse.

Brown estava visitando amigos que conhecia da Phillips Exeter, e que hoje moram perto da Faculdade de Dartmouth. O restaurante é o único na região que tem música ao vivo toda noite, e Brown esteve lá numa segunda-feira, quando a programação incluía um pianista de jazz e Marko, o Mágico, que vai de mesa em mesa fazendo truques para adultos e crianças.

Como Brown tinha tentado uma carreira de cantor, seus amigos esperavam que ele se concentrasse na música e talvez se sentasse diante do grande piano Steinway de 1923. Mas, considerando a paixão eterna de Brown por quebra-cabeças, enigmas e códigos, não deveria ter sido uma surpresa quando ele praticamente monopolizou Marko durante boa parte da noite e pediu para ver algo mais que os costumeiros truques de mágica. Ele quase ignorou os amigos enquanto tentava desvendar os segredos por trás dos truques, pedindo dicas ao mágico quando não podia decifrá-los sozinho.

Marko tentou satisfazer o romancista, mas só até certo ponto, em parte porque não sabia quem ele era e em parte porque havia crianças esperando em outras mesas.

Enfim, o atraso de *The Solomon Key* pode ser, em primeiro lugar, devido à mesma motivação que encorajou Dan Brown a escrever ficção. "Eu me proponho a escrever o tipo de livro que quero ler", disse. "Meu objetivo é que você chegue à última página curtindo tudo e, quando fechar o livro, pense: 'Puxa, olhe só quanto eu aprendi'[2]."

Nota do editor

Quando este livro foi finalizado, ainda não havia sido emitido o veredicto do juiz no processo movido pelos historiadores Richard Leigh e Michael Baigent contra a Random House, editora de *O código Da Vinci*. Eles acusam Dan Brown de violação dos direitos autorais do livro *O Santo Graal e a linhagem sagrada* (também publicado pela Random House), escrito por eles e por Henry Lincoln.

Notas

Prólogo

[1] *Today*, canal de televisão NBC, 9 de junho de 2003.

Capítulo 1

[1] *Good Morning America*, canal de televisão ABC, 3 de novembro de 2003.

[2] *The Front Porch*, New Hampshire Public Radio, 23 de abril de 2003.

[3] *Good Morning America*, canal de televisão ABC, 3 de novembro de 2003.

[4] http://bookreporter.com, 20 de março de 2003.

[5] *The Daily Telegraph*, 2 de outubro de 2004.

[6] *The Boston Globe*, 19 de julho de 1998.

[7] *The Boston Globe*, 29 de setembro de 1996.

[8] New Hampshire Writers' Project, palestra, 18 de maio de 2004.

[9] http://bookreviewcafe.com

Capítulo 2

[1] http://writerswrite.com, maio de 1998.

[2] Amherst College News Service, 25 de fevereiro de 1998 e 22 de outubro de 2001.

[3] *Weekend Edition*, National Public Radio, 26 de abril de 2003.

[4] *Rockingham County Newspapers*, 19 de janeiro de 1990.

[5] *Calendar*, 1992.

[6] *Phillips Exeter Bulletin*, outono de 1992.

[7] Op. cit.
[8] Op. cit.
[9] *Calendar*, 1992.
[10] Op. cit.
[11] Op. cit.
[12] Op. cit.
[13] Op. cit.
[14] *The Guardian*, 6 de agosto de 2004.

Capítulo 3

[1] http://bookreviewcafe.com
[2] *Union Leader*, 10 de março de 1998.
[3] *Union Leader*, 18 de janeiro de 1998.
[4] Op. cit.
[5] http://writerswrite.com, maio de 1998.
[6] *The Boston Globe*, 19 de julho de 1998.
[7] Op. cit.
[8] *The Front Porch*, New Hampshire Public Radio, 23 de abril de 2003.
[9] Op. cit.
[10] *The Boston Globe*, 19 de julho de 1998.
[11] *New Hampshire Magazine*, outubro de 2003.
[12] Craig McDonald, http://modestyarbor.com
[13] http://angelsanddemons.com
[14] http://angelsanddemons.com
[15] http://writerswrite.com, maio de 1998.
[16] *The Guardian*, 6 de agosto de 2004.
[17] http://bookreviewcafe.com
[18] http://writerswrite.com, maio de 1998.
[19] Craig McDonald, http://modestyarbor.com
[20] http://angelsanddemons.com
[21] http://angelsanddemons.com
[22] Craig McDonald, http://modestyarbor.com
[23] http://writerswrite.com, maio de 1998.
[24] http://writerswrite.com, maio de 1998.

[25] *New Hampshire Magazine*, outubro de 2003.
[26] *Associated Press*, 14 de julho de 2004.
[27] Op. cit.
[28] Dorothy-L Usenet post, 21 de fevereiro de 1998.
[29] Op. cit.
[30] alt.books.reviews, 2 de fevereiro de 2000.

Capítulo 4

[1] http://writerswrite.com, maio de 1998.
[2] *Union Leader*, 10 de março de 1998.
[3] http://writerswrite.com, maio de 1998.
[4] http://angelsanddemons.com

Capítulo 5

[1] *Weekend Edition*, National Public Radio, 26 de abril de 2003.
[2] http://angelsanddemons.com
[3] http://angelsanddemons.com
[4] http://angelsanddemons.com
[5] *The Front Porch*, New Hampshire Public Radio, 23 de abril de 2003.
[6] *Associated Press*, 9 de junho de 2003.
[7] Craig McDonald, http://modestyarbor.com
[8] *The Guardian*, 6 de agosto de 2004.
[9] *Weekend Edition*, National Public Radio, 26 de abril de 2003.
[10] *Sunday Morning*, canal de televisão CNN, 25 de maio de 2003.
[11] Op. cit.
[12] New Hampshire Writers' Project, palestra, 18 de maio de 2004.
[13] Craig McDonald, http://modestyarbor.com

Capítulo 6

[1] Craig McDonald, http://modestyarbor.com
[2] Craig McDonald, http://modestyarbor.com
[3] Craig McDonald, http://modestyarbor.com
[4] *New Hampshire Magazine*, outubro de 2003.

[5] *Good Morning America*, canal de televisão ABC, 12 de janeiro de 2004.
[6] New Hampshire Writers' Project, palestra, 18 de maio de 2004.
[7] http://writerswrite.com, maio de 1998.
[8] *Associated Press*, 9 junho de 2003.
[9] http://bookreporter.com, 20 de março de 2003.
[10] *Today*, canal de televisão NBC, 9 de junho de 2003.
[11] Op. cit.
[12] *The Front Porch*, New Hampshire Public Radio, 23 de abril de 2003.
[13] Op. cit.
[14] Op. cit.
[15] *Associated Press*, 14 de julho de 2004.
[16] Craig McDonald, http://modestyarbor.com
[17] New Hampshire Writers' Project, palestra, 18 de maio de 2004.
[18] *The Wall Street Journal*, 4 de maio de 2005.
[19] *The Boston Globe*, 8 de maio de 2004.
[20] Op. cit.

Capítulo 7

[1] *Associated Press*, 9 de junho de 2003.
[2] *The Boston Globe*, 8 de maio de 2004.
[3] Craig McDonald, http://modestyarbor.com
[4] Craig McDonald, http://modestyarbor.com
[5] *The Boston Globe*, 8 de maio de 2004.
[6] *The Guardian*, 6 de agosto de 2004.
[7] *The Boston Globe*, 8 de maio de 2004.
[8] *Weekend Edition*, National Public Radio, 26 de abril de 2003.
[9] *New Hampshire Magazine*, outubro de 2003.

Capítulo 8

[1] *Today*, canal de televisão NBC, 9 de junho de 2003.
[2] *Good Morning America*, canal de televisão ABC, 12 de janeiro de 2004.
[3] *Publishers Weekly*, 26 de abril de 2004.
[4] Op. cit.

[5] *The New York Times*, 21 de março de 2005.

[6] Op. cit.

[7] *Today*, canal de televisão NBC, 9 de junho de 2003.

[8] *The Front Porch*, New Hampshire Public Radio, 23 de abril de 2003.

[9] Op. cit.

[10] Craig McDonald, http://modestyarbor.com

[11] *New Hampshire Magazine*, outubro de 2003.

[12] Craig McDonald, http://modestyarbor.com

[13] Craig McDonald, http://modestyarbor.com

[14] *Today*, canal de televisão NBC, 9 de junho de 2003.

[15] Op. cit.

[16] New Hampshire Writers' Project, palestra, 18 de maio de 2004.

Capítulo 9

[1] *The New York Times*, 21 de março de 2005.

[2] New Hampshire Writers' Project, palestra, 18 de maio de 2004.

[3] Op. cit.

[4] *Weekend Edition*, National Public Radio, 26 de abril de 2003.

[5] New Hampshire Writers' Project, palestra, 18 de maio de 2004.

[6] http://bookreporter.com, 20 de março de 2003.

[7] *The Front Porch*, New Hampshire Public Radio, 23 de abril de 2003.

[8] Op. cit.

[9] New Hampshire Writers' Project, palestra, 18 de maio de 2004.

[10] Op. cit.

[11] Op. cit.

[12] *The Front Porch*, New Hampshire Public Radio, 23 de abril de 2003.

[13] New Hampshire Writers' Project, palestra, 18 de maio de 2004.

[14] Op. cit.

[15] Op. cit.

[16] *The Front Porch*, New Hampshire Public Radio, 23 de abril de 2003.

[17] Craig McDonald, http://modestyarbor.com

[18] *The Front Porch*, New Hampshire Public Radio, 23 de abril de 2003.

[19] *Sunday Morning*, canal de televisão CNN, 25 de maio de 2003.

[20] *Today*, canal de televisão NBC, 27 de outubro de 2003.

[21] *Union Leader*, 23 de abril de 2003.

[22] *The Front Porch*, New Hampshire Public Radio, 23 de abril de 2003.

[23] New Hampshire Writers' Project, palestra, 18 de maio de 2004.

[24] Op. cit.

Capítulo 10

[1] *Publishers Weekly*, 18 de julho de 2005.

[2] Frank Conroy, *Dogs Bark, but the Caravan Rolls On*. Boston: Houghton Mifflin, 2002, p. 113.

[3] *Weekend Edition*, National Public Radio, 26 de abril de 2003.

[4] *The New York Times*, 21 de março de 2005.

[5] *The Guardian*, 6 de agosto de 2004.

[6] *The Boston Globe*, 8 de maio de 2004.

[7] *The New York Times*, 21 de março de 2005.

[8] *The Boston Globe*, 8 de maio de 2004.

[9] New Hampshire Writers' Project, palestra, 18 de maio de 2004.

[10] Craig McDonald, http://modestyarbor.com

[11] *Associated Press*, 1º de novembro de 2004.

Epílogo

[1] *New Hampshire Magazine*, outubro de 2003.

[2] *The Front Porch*, New Hampshire Public Radio, 23 de abril de 2003.

Sugestão de leitura

Opus Dei - Os bastidores

Dario Fortes Ferreira & Jean Lauand & Marcio F. da Silva

Qual é o mistério da organização Opus Dei? O Opus Dei está a serviço de Deus ou das manipulações humanas?

Muito se tem falado sobre o Opus Dei, principalmente após a polêmica suscitada pela publicação do romance de ficção *O código Da Vinci*, de Dan Brown. Em razão disso, inúmeros questionamentos são feitos:

- O que é, na verdade, o Opus Dei? Uma instituição séria, aprovada pela Igreja Católica? Ou uma seita, um movimento de fanáticos?
- É verdade que o Opus Dei opera uma verdadeira lavagem cerebral em seus adeptos, despersonalizando-os?
- Que métodos utiliza para atrair novos membros e convertê-los? São, de fato, métodos inescrupulosos e pouco transparentes?
- Como o Opus Dei vê a participação das mulheres?

Essas e muitas outras questões são levantadas e refletidas pelos autores deste livro, que viveram, durante muito tempo, um comprometimento total com o Opus Dei, conhecendo-o em seus bastidores, presenciando uma realidade que até o momento estava protegida por um escudo intransponível.

Esta é uma leitura importante para aqueles que sempre desejaram entender melhor os procedimentos observados por seitas ou grupos fundamentalistas, religiosos ou não, que têm por intuito atrair membros, fanatizá-los, destituí-los de qualquer julgamento crítico, para que os fins ou objetivos doutrinários, financeiros e religiosos sejam alcançados independentemente dos meios utilizados.